金融硕士(MF)考试辅导用书

U0807884

金融学综合热点突破
(背诵版)

科兴教育 编

中国石化出版社

内 容 提 要

本丛书是配合教育部命制的431金融学综合考试大纲而编写的考试辅导用书，整个系列有《金融学综合复习指南》《金融学综合习题精编》《金融学综合真题汇编及详解》《金融学综合热点突破》四本，分别适用于第一、二、三轮复习。

《金融学综合热点突破》是首次公开发行的金融热点图书，由热点术语、热点事件和热点专题三部分组成，共包含60个金融热点。其中热点术语是对主流教材的补充，主要源于各大金融报刊或者政策文件；热点事件主要选取近两年来发生且与教材知识点契合度比较高的金融热点；热点专题选取的主题为近年来讨论比较多的学术话题。

本书以教材知识点为源头，以应试为导向，以问答为载体，内容精炼，适合背诵，适用于金融硕士(MF)考试的初试冲刺和复试备考。

图书在版编目(CIP)数据

金融学综合热点突破 / 科兴教育编 .—北京：中国石化出版社，2021.11
金融硕士(MF)考试辅导用书
ISBN 978-7-5114-6015-8

Ⅰ.①金… Ⅱ.①科… Ⅲ.①金融学-研究生-入学考试-自学参考资料 Ⅳ.①F830

中国版本图书馆CIP数据核字(2021)第220970号

中国石化出版社出版发行
地址:北京市东城区安定门外大街58号
邮编:100011 电话:(010)57512500
发行部电话:(010)57512575
http://www.sinopec-press.com
E-mail:press@sinopec.com
北京柏力行彩印有限公司印刷
全国各地新华书店经销
*
710×1000毫米 16开本 6印张 95千字
2021年11月第1版 2021年11月第1次印刷
定价:30.00元

前 言
PREFACE

本丛书是配合教育部命制的431金融学综合考试大纲而编写的考试辅导用书，整个系列有《金融学综合复习指南》《金融学综合习题精编》《金融学综合真题汇编及详解》《金融学综合热点突破》四本，分别适用于第一、二、三轮复习。

431考试大纲有一个很明确的要求，考查考生对于金融学基本理论和公司财务基本知识的掌握和运用能力。所谓运用能力的考查，一方面是指运用金融学公式去解决一些计算题，另外一方面是指运用教材上的理论知识去分析现实金融热点。金融热点的备考在于平时积累，但是这个过程又会耗费大量的时间，投入产出比低下。因此，为了方便广大考生备考，我们在冲刺阶段推出了这本《金融学综合热点突破》。

本书由热点术语、热点事件和热点专题三个部分组成。其中热点术语是对主流教材的补充，主要源于各大金融报刊或者政策文件，有些高校会考查金融热点名词解释和单项选择题，这可能会提供一定的帮助。热点事件则主要是选取近两年来发生且与教材知识点契合度比较高的金融热点。热点专题相对而言时间跨度更长一些，选取的主题均为近年来讨论比较多的学术话题。

本书是市面上首次公开发行的金融热点图书，其最大的特点就是以应试为导向，具体表现为：

第一，淡化背景事件，回归教材。除了个别开放性的题目，80%以上与热点相关的考题都是以教材知识点为出发点来进行命题，比如题干给了一个事件然后让读者结合教材上的某个知识点来具体分析事件。也就是说，热点的考查最终还是要回归教材的知识点，所谓的热点也不过就是一层外衣。因此，我们在编写过程中，尽量淡化一些烦琐的背景数据，比如中美贸易战，我们无须知道美国具体对华逆差是多少，我国哪些公司被美国列入了实体名单，这些信息对解题没什么帮助，只会给读者带来阅读压力。我们只关心，这个热点与教材知识点的结合点在哪儿，应该如何去作答。

第二，内容精挑细选，重点突出。近年来发生了很多金融事件，其中绝大多数都和教材知识点无关或者相关度较低。我们以与教材知识点的契合度为标准，广泛阅读各种金融报刊和文章，最终选取了60个最具代表性的金融热点。这60个热点能满足绝大多数的考查要求。此外，我们还对这些热点按照重要程度进行标注，其中，◆表示重要度一般，考生复习以理解为主；◆◆表示比较重要，在理解的基础上，考生应能记住答题的梗概；◆◆◆表示非常重要，考生应能熟练背诵相关内容。

第三，以问题为导向，适合背诵。本书直接采用问答模式编写各金融热点，让读者能够更直接感受到可能的命题角度。本书对每一个问题都给出了详细的参考答案，为考生解答简答题和论述题提供范本。这些答案条理清晰，层次分明，适合冲刺阶段进行背诵。

本书在编写过程中得到了众多科兴读者群里同学的支持和帮助，在此，我们表示深深的谢意。另外，本书完稿于10月底，后续发生的且有可能命题的金融热点分析就只能以电子版的形式补充发给读者。有需要的同学可以加读者QQ群309465681下载。

本书主要适用于431金融学综合初试考试，也可以作为金融硕士复试参考书。由于编者水平有限，加上时间仓促，书中定有不当或者错误之处，还望广大读者不吝指正。问题反馈与交流联系方式：275443204@qq.com。

科兴教育

2021年10月31日

目 录
CONTENTS

第一部分

热点术语

1. 布雷顿森林体系 2.0(◆)

布雷顿森林体系 2.0 指的是这样一个美元循环系统：一方面，美国大量印刷钞票，从以亚洲国家为首的地区购入大量消费品，致使中国、日本等国的美元外汇储备急剧增加，同时美国的贸易赤字不断扩大，美国继续印刷美元填补赤字。另一方面，美国发行大量的债券，中国、日本等国大量购买此类美元资产，从而使美元源源不断地流回美国。这个体系的核心就是亚洲国家维持本币对于美元的相对低估，同时将贸易顺差以及干预汇市得到的美元用于购买美元资产，促使美国资本账目盈余，从而平衡美国贸易赤字。

2. CDR(◆◆◆)

中国存托凭证(Chinese Depository Receipt，CDR)，是指由存托人签发、以境外(含中国香港)证券为基础在中国境内发行、代表境外基础证券权益的证券。发行 CDR 为我国境外上市公司回归 A 股提供了通道。在海外上市的中国公司，在公司不便实现退市私有化的时候，可以将一部分股份存到托管人，然后由中国的存托人(中国的银行、证券公司等金融机构)在 A 股发行股份，这样 A 股的投资者就可以投资这类公司。

【相关衍生】2020 年 9 月 22 日，证监会发布公告称，同意九号有限公司科创板公开发行存托凭证注册。这意味着，九号智能将成为第一家通过发行 CDR 的形式登陆科创板的红筹企业。

3. 聪明贝塔(◆◆)

Smart Beta，顾名思义，就是在 β 的基础上进行一些聪明的处理，以确定的规则对成分股进行筛选或对成分股权重进行优化配置，以承担一定风险或投资组合来获得超越传统市场的回报。Smart Beta 策略的风险和主动化管理程度，介于传统α和传统β之间，简单来说就是在被动指数投资基础上，又加上点筛选指标，添上点主动投资的逻辑。按照投资策略的划分，Smart Beta 可以简单分为单因子策略和多因子策略。而比较常见的因子则包括红利因子、价值因子、质量因子、动量因子等。

【相关衍生】在投资领域中，收益分为α收益和β收益，其中：α指主动投资收益，来源于选股和择时，超越市场收益。β指被动投资收益，来源于组合和市场相关的收益，跟随市场收益。

4. 储蓄国债(◆◆)

储蓄国债，包括凭证式和电子式，是财政部面向个人投资者发行、以吸收个人储蓄资金为目的，满足长期储蓄性投资需求的不可流通的记名国债品种。其优势主要体现在信用等级高、利息免税、收益稳定等方面。

5. 动量效应和反转效应(◆◆)

动量效应是指在短期内表现好的股票将会持续其好的表现，而表现差的股票会持续其差的表现。反转效应是指，在较长的一段时间内，表现差的股票有很强的趋势在其后的一段时间内经历相当大的反转，而在给定一段时间内，最佳股票倾向于在其后的时间内出现差的表现。这两种现象对有效市场假说提出了挑战。

6. ETF 基金(◆◆)

交易所交易基金(Exchange Traded Fund，简称 ETF)，是一种在交易所上市交易的、基金份额可变的开放式基金。它结合了封闭式基金和开放式基金的运作特点，投资者既可以向基金管理公司申购或赎回基金份额，同时，又可以像封闭式基金一样在二级市场上按市场价格买卖 ETF 份额，不过，申购赎回必须以一篮子股票换取基金份额或者以基金份额换回一篮子股票。由于同时存在二级市场交易和申购赎回机制，投资者可以在 ETF 市场价格与基金单位净值之间存在差价时进行套利交易。套利机制的存在，使得 ETF 避免了封闭式基金普遍存在的折价问题。

7. 二元悖论(◆)

二元悖论是由伦敦政治经济学院教授 Rey 在 2013 年提出的经济学观点，即资本自由流动与货币政策独立性不可兼得，而与该国采取何种汇率制度无关。其政策含义意味着除非对资本账户进行直接或间接的管制，否则一国难以保持货币政策独立性。二元悖论与三元悖论的根本分歧在于浮动汇率国家是否能保持货币政策独立。全球避险情绪导致全球风险溢价的同步变化，阻碍了利差对汇率的调节作用，从而影响浮动汇率国家货币政策的独立性。特别地，当避险情绪较强时，货币政策甚至可能完全失效，即不论采用何种汇率制度，资本自由流动和货币政策独立性都不可兼得，这时就表现出了“二元悖论”的规律特征。

8. 高频交易(◆)

高频交易是指从那些人们无法利用的极为短暂的市场变化中寻求获利的计算机化交易，比如，某种证券买入价和卖出价差价的微小变化，或者某只股票在不同交易所之间的微小价差。国际金融市场上，高频交易普遍实行做市商制度。与竞价交易制度不同，做市商制度是借助做市商(由大的银行机构来担任)的中介作用实现买卖双方的交易，做市商从证券的买卖差价中获取收益，并为市场提供流动性。

【相关衍生】量化交易是指以先进的数学模型替代人为的主观判断，利用计算机技术从庞大的历史数据中海选能带来超额收益的多种“大概率”事件以制定策略。量化交易与高频交易不同，极大地减少了投资者情绪波动的影响，避免在市场极度狂热或悲观的情况下做出非理性的投资决策。

9. 货币替代(◆◆)

货币替代指外币在货币的各个职能上全面或部分地替代本国货币发挥作用的现象。简单地说，货币替代可以定义为本国居民对外币的过度需求。货币替代分为两种：一种是本国居民和外国居民同时持有本币和外币；另一种则是本国居民单方面地持有并使用外币。前者可以称为对称性货币替代，这种替代一般发生于发达国家之间；后者可以视为不对称性的货币替代，经常讨论的发生于发展中国家的货币替代就属于这一种。

【相关衍生】2021 年 10 月 23 日，中国银行原行长李礼辉表示，应警惕以 Libra(现称为 Diem)为代表超主权数字货币的货币替代。

10. 宏观审慎监管(◆◆)

宏观审慎监管，是为维护金融体系的稳定，防止金融系统对经济体系的负外部溢出而采取的一种自上而下的监管模式。宏观审慎监管包括三个方面：一是识别系统风险，即发现、监测和计量系统风险及其潜在影响；二是降低系统风险的发生概率，即通过提高监管标准和采取针对性监管措施等，预防系统风险爆发；三是缓解对金融体系和实体经济的溢出效应，即在系统风险爆发后，限制破坏的程度和范围，尽可能降低经济损失。

【相关衍生】宏观审慎监管与微观审慎监管的区别

(1) 监管目标不同。宏观审慎监管的目标是防范系统性风险，维护金融体系的整体稳定，防止经济增长受影响；而微观审慎监管的目的在于控制个体金融机构或行业的风险，保护投资者利益。

(2) 监管内容不同。宏观审慎监管侧重在对金融机构的整体行为以及金融机构之间相互影响力的监管上，同时关注宏观经济的不稳定因素；而微观审慎监管侧重于对金融机构的个体行为和风险偏好的监管。

(3) 监管对象不同。宏观审慎监管更关注具有系统重要性金融机构(如银行和金融集团)的行为，金融市场整体趋势及其与宏观经济的相互影响；而微观审慎监管则更关注于具体金融机构的合规与风险暴露情况，避免使投资者和储户等个体遭受不应有的损失等事件。

11. 荷兰式拍卖定价(◆)

荷兰式拍卖，亦称减价拍卖，是指拍卖标的的竞价由高到低依次递减直到第一个竞买人应价(达到或超过底价)时击槌成交的一种拍卖。荷兰式拍卖IPO定价流程是：发行人和承销商先制作、注册并公布缺少证券价格的招股说明书，确定协商拍卖时间与拍卖起拍价格。在拍卖程序开始后，投资人在网上或通过电话等方式参与报价。在竞拍结束后，选取能够把全部股票销售出去的最高价格作为结算价，所有报价人都能以这一最低价买入其申报数量的证券。一般来说，采取荷兰式拍卖是希望能更准确地对股票进行定价，更好地抑制IPO抑价。

12. IMF第八条款国(◆)

IMF第八条款国是指实现了经常账户下货币自由兑换的国家。按照国际货币基金组织的定义，一国若能实现经常账户下的货币自由兑换，该国货币就被列入可兑换货币。由于自由兑换的条款集中出现在基金组织协定的第八条，所以货币自由兑换的国家又被称为“第八条款国”。

13. 可交换债券(◆)

可交换债券，是在可转换债券基础上创设的一种金融产品，指上市公司股份的持有者通过抵押其持有的股票给托管机构进而发行的公司债券。可交换债券的持有者，有权按预先约定的条件用该债券与债券发行人交换其他公司的股票，其他公司通常为债券发行人的子公司、母公司，或者处于同一控制下的关联公司。

14. 夹层基金(◆)

夹层基金，是一种介于股权投资和债权投资之间的基金类型，因此形象地被称为夹层基金。它的投资标的物包括次级债券、可转换债券、可转换优先股等，它的收益既来自公司增长带来的股权收益，也来自债券的收益。夹层基金的本质是一种私募股权基金。当某大型企业收购某项目时出现资金不足的情况，可以通过设立夹层基金筹集资金。

15. 结构性存款(◆)

结构性存款，是指投资者将合法持有的人民币或外币资金存放在银行，由银行通过在普通存款的基础上嵌入金融衍生工具(包括但不限于远期、掉期、期权或期货等)，将投资者收益与利率、汇率、股票价格、商品价格、信用、指数及其他金融类或非金融类标的物挂钩的具有一定风险的金融产品。

16. 监管沙盒(◆◆)

监管沙盒，指政府金融监管部门在限制性的范围内，在企业申请通过后设立的小规模的金融创新框架，在这一测试性的环境中，政府主动放宽监管规定，减少金融科技创新的规则障碍，企业在政府的监督和管理下进行多样化的金融科技创新尝试。金融监管机构设立监管沙盒，主要是为了提高金融行业创新的效率，鼓励竞争，并且通过实验的方式控制创新失败可能带来的负面效应。

【相关衍生】2019 年 12 月，中国人民银行支持在北京市率先开展金融科技创新监管试点。2020 年 4 月 28 日，央行决定扩大试点范围至上海、重庆、苏州、雄安新区、杭州和深圳等 6 个城市。

17. 另类投资(◆)

另类投资，是指投资于传统的股票、债券和现金之外的金融和实物资产，如房地产、证券化资产、对冲基金、私人股本基金、大宗商品、艺术品等，其中证券化资产就包括了次级房贷为基础的债券以及这些债券的衍生金融产品。另类投资与股票和债券等传统金融投资的相关性较低(它们通常与股票和债券市场背道而驰),因此很多人会选择另类投资来完善资产组合,以便能在不同的经济环境周期中取得卓越收益。

18. 绿色金融(◆◆)

绿色金融是指为支持环境改善、应对气候变化和资源节约高效利用的经济活动,即对环保、节能、清洁能源、绿色交通、绿色建筑等领域的项目投融资、项目运营、风险管理等所提供的金融服务。

【相关衍生】赤道原则

赤道原则是由世界主要金融机构根据国际金融公司和世界银行的政策和指南建立的,旨在决定、评估和管理项目融资中的环境与社会风险而确定的金融行业基准。这项原则要求金融机构在向一个项目投资时,要对该项目可能对环境和社会的影响进行综合评估,并且利用金融杠杆促进该项目在环境保护以及周围社会和谐发展方面发挥积极作用。

19. 绿鞋机制(◆)

绿鞋机制,也被称为超额配售选择权,是指发行人授予主承销商的一项选择权,获得此授权的主承销商可按同一发行价格超额发售不超过包销数额15%的股份。上市之日起30天内,当股票股价上扬时,主承销商即以发行价行使绿鞋期权,从发行人购得超额的15%股票以对冲自己超额发售的空头,并收取超额发售的费用。实际总发行数量为原定的115%;当股价下跌时,主承销商将不行使该期权,而是从股票二级市场上购回超额发行的股票以支撑价格并对冲空头,以赚取中间差价。此时实际发行数量与原定数量相等,即100%。

【相关衍生】2019年12月10日,中国邮政储蓄银行在上海证券交易所上市。本次股票发行的一大亮点是再次引入"绿鞋机制",这是A股历史上第4次引入,此前共有三家公司使用过"绿鞋机制",分别是工商银行(2006年)、农业银行(2010年)和光大银行(2010年)。

20. 明斯基时刻(◆)

明斯基时刻是指美国经济学家海曼·明斯基所描述的时刻,即资产价格崩溃的时刻。明斯基观点主要是经济长时期稳定可能导致债务增加、杠杆比率上升,进而从内部滋生爆发金融危机和陷入漫长去杠杆化周期的风险。

【相关衍生】明斯基时刻与教材上费雪的“债务-通货紧缩”理论有相通之处，对于解释我国目前去杠杆的原因很有帮助。

21. 普惠金融(◆◆)

普惠金融，是指立足机会平等要求和商业可持续原则，以可负担的成本为有金融服务需求的社会各阶层和群体提供适当、有效的金融服务。小微企业、农民、城镇低收入人群、贫困人群和残疾人、老年人等特殊群体是当前我国普惠金融重点服务对象。

22. QFII 制度(◆)

QFII 制度的全称是合格的境外机构投资者(Qualified Foreign Institutional Investor)制度，是指允许合格的境外机构投资者，在一定规定和限制下汇入一定额度的外汇资金，并转换为当地货币，通过严格监管的专门账户投资当地证券市场，其资本利得、股息等经过批准后可转换为外汇汇出的一种市场开放模式。

23. 前瞻性指引(◆◆)

前瞻性指引是各国央行通过引导市场对未来利率的预期，使市场预期与央行目标预期靠拢的现代货币政策工具。在零利率下限的环境中，预期传导渠道的重要性尤为突出。假设央行通过前瞻性指引，做出在一段时期内维持零利率政策的承诺，从而使得公众对未来通胀的预期上升、产出缺口的预期下降，那么由于私人部门的行为具有前瞻性，这一预期将造成当期私人部门支出增加，总需求上升。

【相关衍生】前瞻性指引的成功实施应具备以下三个条件：第一，前瞻性指引的有效性取决于央行的信誉，只有人们相信央行的承诺，前瞻性指引才能通过影响公众预期来发挥作用；第二，前瞻性指引应被视作央行的承诺。前瞻性指引的承诺性质越强，对公众预期的影响也就越强；第三，前瞻性指引应该是准确、清晰和易懂的。

24. SOFR(◆)

SOFR(有抵押隔夜融资利率)，是一个以美国国债作为抵押品，广泛用来计算隔夜借贷成本的指标。SOFR 是未来美元 LIBOR 的替代基准利率，其弥补了

LIBOR 的核心问题。第一，SOFR 不是通过报价，而是通过成交价计算，这增加了操纵的难度；第二，回购是货币市场成交量最大的品种，每日超过 1 万亿美元的交易量保证 SOFR 能最大限度地反映资金市场利率水平。

【相关衍生】到 2021 年底，大多数货币都将停止使用 LIBOR。LIBOR 本身存在三个缺陷：(1)银行间拆借需求急剧下滑，LIBOR 的标的市场规模逐渐缩小；(2)LIBOR 是基于报价行的报价产生，而非真实交易；(3)LIBOR 的操纵问题。

25. SWIFT(◆◆)

SWIFT 是“环球同业银行金融电讯协会”的简称，成立于 1973 年 5 月，总部设在比利时的布鲁塞尔。该协会是一个国际银行间非营利性的国际合作组织，为全球各国金融机构提供安全讯息服务和接口软件，将全球原本互不往来的金融机构串联起来，传送有关汇兑的各种信息。成员行接收到这些信息后，将其转送到相应的资金调拨系统或清算系统内，再由后者进行各种资金转账处理。目前，几乎所有的金融机构都接入了 SWIFT 的平台，通过该平台可以实现与其他国家银行的金融交易。资料显示，SWIFT 为 200 多个国家和地区的 11000 多家银行、证券机构、企业与客户提供交易服务。

【相关衍生】SWIFT 只是构成国际收付服务通道的众多基础设施之一。伦敦金属交易所(LME)在世界范围内促成期货交易并对仓库发放牌照，让金属交易更便捷。卢森堡明讯银行和欧清银行保证了证券的顺利支付和交易跟踪。为方便投资新兴市场，摩根大通创建了新兴市场体债券指数(EMBI)，该指数涵盖众多国家的证券。而伦敦银行同业拆借利率(LIBOR)是一种基于对银行员工的调查计算出的变化利率，以确保可调整利率能反映市场状况。

26. 石油美元(◆◆)

石油美元，是指 20 世纪 70 年代中期石油输出国由于石油价格大幅提高后增加的石油收入，在扣除用于发展本国经济和国内其他支出后的盈余资金。因美元所占比重最大，故称石油美元。对石油输出国家来说，由于石油美元收入庞大，而其国内投资市场狭小，不能完全吸纳这么多美元，必须以资本输出方式在国外运用。对于西方工业发达国家来说，由于进口石油对外支出大幅度增加，国际收支大多呈巨额逆差，需要石油美元回流。因此，石油美元环流形成。

【相关衍生】2018 年 3 月 26 日，中国原油期货在上海期货交易所子公司上海国际能源交易中心正式挂牌交易，采用人民币计价。此举被很多西方媒体视为对石油美元地位的挑战。

27. 同股不同权(◆◆)

同股不同权就是双重股权架构。在双层股权架构下，公司可以发行拥有不同投票权的普通股，一般称 A 类、B 类，即 AB 股。通常，A 类 1 股有 1 票投票权，B 类 1 股有 N 票投票权。其中 A 普通股通常由投资人与公众股东持有，B 普通股常由创业团队持有。双层股权资本架构的出现，让公司创始人或管理团队可以以少数股份把握对公司的控制权。对他们来说，这种股权架构可以实现扩大融资和不丧失控制权的双重目的。此外，对很多投资者来说，他们只关心股票上的收益，并不在意公司的决策权。这种情况下，双层股权架构得以实施并被市场接受。

【相关衍生】2020 年 1 月 20 日，优刻得作为 A 股首家同股不同权的公司正式登陆科创版。

28. 通货膨胀保值债券(◆)

通货膨胀保值债券是美国财政部 1997 年开始发行的与消费者价格指数挂钩的债券，其基本特征是固定息票率和浮动本金额，其中，本金部分将按照美国劳工部的月度非季调城市 CPI 指数进行调整。在保障本金不受通胀影响的同时，其固定息票率通常低于普通同期债券。

29. 稳定币(◆)

稳定币从本质上来说是一种具有“锚定”属性的加密货币，其目标是锚定某一链下资产，并与其保持相同的价值。为了保持价格稳定，稳定币可以由链下资产做抵押(即抵押稳定币)，或采用某种算法在某个时间点调节供需关系(即算法稳定币)。目前存在两种类型的稳定币，即中心化的稳定币和去中心化的稳定币。

【相关衍生】Facebook(现称 Meta)推出的 Libra(现称 Diem)就是一种稳定币。Libra 是一种追求实际购买力相对稳定的加密数字货币。最初由美元、英镑、欧元和日元这 4 种法币计价的一篮子低波动性资产作为抵押物。

30. 信贷配给(◆◆)

信贷配给，是指利率具有一定的黏性，不会随货币供给的增减而作相应变动的现象。具体来说就是，并非只要借款人支付一个足够高的利率，便可以获得所需的贷款，而是在一个特定的利率水平上，有些企业和个人可以获得贷款，另一些企业和个人即使愿意支付更高的利率，银行也不会给予贷款。

【相关衍生】信贷配给是目前小微企业融资难的一个重要原因。

31. 熊猫债券(◆◆)

熊猫债券是境外合格机构在中国发行的以人民币计价的债券，是一种外国债券。熊猫债券作为在岸人民币债券，具有低风险和回报稳定的特征，不仅为境外发行人拓宽融资、优化债务结构提供了新的渠道，也为境内外投资人合理配置资金、多元化人民币资产组合提供了更多选择。此外，对于在境内有业务基础和人民币使用需求的跨国企业集团，使用熊猫债进行融资可以降低币种错配，节约汇兑成本，减少汇率风险。

【相关衍生】2020年4月2日，小米集团在中国境内银行间市场成功发行首笔熊猫债券，金额人民币10亿元，期限365天，票面利率为2.78%，倍数2.2。此次发行是小米集团首次选择在境内市场发行债券，也标志着小米集团成为首个在境内债券市场发行熊猫债券的科技互联网企业。

32. 央行正回购和逆回购(◆◆◆)

央行回购分为正回购和逆回购。正回购为中国人民银行向一级交易商卖出有价证券，并约定在未来特定日期买回有价证券的交易行为，正回购为央行从市场收回流动性的操作，正回购到期则为央行向市场投放流动性的操作；逆回购为中国人民银行向一级交易商购买有价证券，并约定在未来特定日期将有价证券卖给一级交易商的交易行为，逆回购为央行向市场上投放流动性的操作，逆回购到期则为央行从市场收回流动性的操作。

33. 资本性债券(◆◆)

资本性债券是为弥补银行资本不足而发行的一种债务。由于它可部分替代资本的职能，如为固定资产筹集资金，承担一定程度的风险损失，因而被视为银行资本的一部分。又由于它对银行收益和资产分配的要求权先于普通股与优先股，次于银行吸收的存款及其他负债，是一种介于存款负债与股权资本之间的债务，因而被称为附属资本。通过发行资本性债券筹集资金，可以相对减少经营成本；不会影响普通股股东的权益；债务利息支出作为费用可从税前利润中扣除，因而具有抵税效应。

第二部分

热点事件

一、美的股票回购(◆◆)

2021 年 3 月 12 日，美的集团启动了上限高达 140 亿元的股票回购计划，成为 A 股史上的最大回购案。什么是股票回购？结合企业回购的动机分析美的为什么股票回购。

答案：(1) 股票回购是指上市公司利用现金等方式，从股票市场上购回本公司发行在外的一定数额的股票的行为。公司在股票回购完成后可以将所回购的股票注销。但在绝大多数情况下，公司将回购的股票作为“库藏股”保留，不再属于发行在外的股票，且不参与每股收益的计算和分配。库藏股日后可移作他用，如发行可转换债券、雇员福利计划等，或在需要资金时将其出售。

(2) 上市公司股票回购的动机主要包括：

① 防止兼并收购。回购将提高本公司的股价，减少在外流通的股份，给收购方造成更大的收购难度；股票回购后，公司在外流通的股份少了，可以防止浮动股票落入进攻企业手中。

② 提升公司股价。过低的股价，无疑将对公司经营造成严重影响，股价过低，使人们对公司的信心下降，使消费者对公司产品产生怀疑，削弱公司出售产品、开拓市场的能力。在这种情况下，公司回购本公司股票以支撑公司股价，有利于改善公司形象，股价在上升过程中，投资者又重新关注公司的运营情况，消费者对公司产品的信任增加，公司也有了进一步配股融资的可能。因此，在股价过低时回购股票，是维护公司形象的有力途径。

③ 改善资本结构。利用企业闲置的资金回购一部分股份，虽然降低了公司的实收资本，但是资金得到了充分利用，每股收益也提高了。

④ 降低代理成本。公司回购股票用于股权激励计划或员工持股计划，激励更多的是一种利益捆绑，调动积极性，构建新的管理团队持股的长期激励与约束机制，确保公司长期经营目标的实现。

我们可以从财务角度和公司治理角度来分析此次美的公司股票回购的动机：

从财务角度来看，2021 年春节后美的股价一路下跌，此次回购可能是因为目前股价下跌，特意提出远高于现价的最高收购价格，其实是在暗示投资者，公司股价未来还有很大的上涨空间。很明显，这有利于增强投资者的信心，也有助股价止跌；从公司治理角度来看，此次美的以自有资金回购股票，用于股权激励和员工持股计划，是多数上市公司的常规做法。

【科兴提示】讽刺的是，美的股票回购过后，股价反而继续下跌，请读者自行分析。

二、PPP-CPI(◆◆)

2020 年 5 月 19 日，世界银行在其官网发布了《购买力平价与世界经济规模——2017 年轮国际比较项目(ICP)结果》报告。世界银行报告显示，我国 2017 年 PPP 法 GDP 达到 19.6 万亿美元，略超过美国，居世界第一。与之对照，按汇率法计算，我国 2017 年 GDP 为 12.1 万亿美元，相当于美国的 62.2%，居世界第 2 位。你如何看待这种现象？采用 PPP 法计量 GDP 有什么局限性？

答案：(1)实际银行国际比较项目(ICP)，其主要目的是测算各种货币的购买力平价(PPP)，用 PPP 作为转换系数，将各国国内生产总值转换为用统一货币单位表示，从而便于比较和评价各国的实际经济规模和结构。

2017 年使用 PPP 法和汇率法算出的 GDP 有很大的误差，这主要是因为 PPP 法既涵盖了可贸易品又涵盖了非贸易品的价格，而汇率法只涵盖了可贸易品的价格。由于存在 1 美元在美国境内的货币购买力要低于 1 美元兑人民币后在中国境内的购买力的现象，因此用 PPP 法测算 GDP 往往使我国 GDP 大于汇率法测算出来的 GDP。

(2)采用 PPP 法会高估发展中国家的 GDP。这倒不是因为有人别有用心，或者是想再弹“中国威胁论”的老调，而是这种方法本身的一种固有的局限性。一方面，发展中国家正处于经济转型阶段，对外开放程度相对较低，以建筑产品、服务项目为主要内容的非贸易品占相当大的比重。而且，这些非贸易品的价格一般总是低于国际价格。如果将这部分非贸易品与国际市场上质优价高的商品服务相比较，必然会高估发展中国家的货币购买力。另一方面，发展中国家市场经济发展水平相对较低，政府对教育、医疗、房租、工资等项目给予不同程度的补贴，价格机制不甚完善，价格扭曲较为严重，有相当一部分商品和服务价格偏低。这样也会造成发展中国家的货币购买力被高估。

【科兴提示】西方发达国家正是参考这个排名要求人民币升值，认为人民币被低估了。

三、双边货币互换(◆◆)

2021年6月15日，土耳其总统埃尔多安宣称，土耳其与中国签署了新的36亿美元货币互换协议。近年来，随着人民币国际化进程的推进，我国与全球40多个国家签署了货币互换协议。什么是货币互换？请从人民币国际化的角度，谈谈我国央行积极开展货币互换的原因。

答案：(1) 货币互换是交易双方按照事先商定的规则，互相交换不同货币、相当金额的本金及利息支付，到期后再换回本金的交易。双方的事先约定被称为货币互换协议。按照参与主体不同，货币互换可以在商业机构间进行，也可以在央行间进行。央行货币互换，是指央行间相互以本币或可自由兑换货币，按约定的汇率、期限和利率进行互相调换的操作，类似于以一定数量的本币作抵押，获取对方央行等值贷款，然后向两地商业银行设于另一方的分支机构提供短期流动性支持。通过货币互换，将得到的对方货币注入本国金融体系，使得本国商业机构可以借到对方货币，用于支付从对方进口的商品。这样，在双边贸易中，出口企业可以收到本币计值的货款，可以有效规避汇率风险、降低汇兑费用。同时，央行通过货币互换提供流动性支持，体现加强合作、共同应对危机的意愿，并以此增强市场信心，促进地区金融稳定。

(2) 我国央行积极开展货币互换的原因有：

① 促进双边贸易。中国央行与一些贸易往来紧密的周边国家签署的货币互换协议，可以完成双边贸易与投资中的结算安排，大大消除汇率风险，防止汇率变动风险给贸易双方造成的损失。在人民币尚未实现完全自由兑换的情况下，央行货币互换在一定程度上可以推动人民币在境外实现计价、结算和储备的职能，提升人民币的国际接受程度。

② 去美元化。美元霸权影响到了全球经济的健康发展，所以近年来许多国家就走上了去美元化的道路，准备打破美元霸权的钳制。由于当时实力还比较弱，外汇管控不能完全放开，我们先采取风险低的做法，和一些国家开展货币互换业务。这就相当于在两个特定的国家之间的贸易活动可以用这两个国家的货币结算，这样其实就是绕开了美元，摆脱了对美元的依赖，规避美元波动的风险，也是一种去美元化的做法。

③ 解决特里芬难题。特里芬难题提出任何一国货币作为国际货币，需要长

期的贸易逆差，以保障其国际清偿能力；同时，作为国际货币要求币值稳定，需要维持国际收支长期顺差。随着人民币国际化的深入，人民币也会面临特里芬难题。货币互换协议可以在不增发的情况下增加对离岸人民币的供应，从而避开特里芬难题。

【科兴提示】2020 年 3 月 19 日，美国与澳大利亚等 9 国达成美元货币互换协议，总金额高达 4500 亿美元，也是美元采用货币互换协议解决特里芬难题的一次尝试。

四、信用债违约(◆◆)

2020 年年底，信用债市场连续发生多起债券违约风波，华晨汽车、永煤、紫光等公司的多只高评级信用债出现违约，引发市场剧烈波动。近期信用债券违约风波的成因是什么？会带来哪些影响？

答案：(1) 信用违约风险，是指借款人、证券发行人或交易对方因种种原因，不愿或无力履行合同条件而构成违约，致使银行、投资者或交易对方遭受损失的可能性。本次信用债违约风波的形成主要有如下几个原因：

① 债券融资集中到期压力叠加经营和盈利偏弱从而引发信用债违约。目前，我国企业杠杆率普遍偏高。一些企业对债券市场的融资依赖度过高，借新还旧现象较为普遍。2020 年以来，受国内外宏观经济形势变化和新冠肺炎疫情的影响，部分行业和部分企业经营压力增大，再加上后续融资不畅，从而引发信用债违约现象。

② 偿付意愿不足也是导致近期信用债违约的一个重要原因。在永煤债券违约后，市场普遍认为该起违约事件还有偿付意愿不足的问题，具有恶意逃废债的嫌疑。在过去信用债市场，普遍存在一种“国企信仰”，使得许多国企可以以较低成本发行债券并受到投资者的偏爱，这导致一些国企产生错觉，以为可以任意挥霍国企信誉，进而产生“逃废债”的现象。

(2) 从短期来看，受信用债违约风波影响，债券市场整体风险偏好迅速下降，债券发行利率持续上升，大大增加了企业的融资成本。但是，从长期来看，本次信用债危机打破了“国企信仰”，有助于促进我国信用债市场的健康发展。

五、PPI-CPI 剪刀差(◆◆◆)

2021 年 10 月，国家统计局发布了 2021 年 9 月全国居民消费价格指数(CPI)和工业生产者出厂价格指数(PPI)。从同比数据来看，CPI 上涨 0.7%，PPI 上涨

10.7%，PPI 与 CPI 剪刀差高达 10.0 个百分点，创有数据记录以来的最大差值。从 2021 年 1 月 PPI 与 CPI 剪刀差由负转正至今已连续回升 9 个月。简述 CPI 和 PPI 的概念，PPI-CPI 长期出现剪刀差意味着什么？并分析出现剪刀差的原因。

答案：（1）消费物价指数（CPI），是反映一定时期内城乡居民所购买的生活消费品和服务项目价格变动趋势和程度的相对数。生产价格指数（PPI）是衡量工业企业产品出厂价格变动趋势和变动程度的指数。PPI 和 CPI 出现剪刀差，说明上游原材料和劳动力成本的上升不能向下游产品（特别是消费品）转移，工业企业特别是加工企业的成本上升无法实现转嫁。很明显，PPI-CPI 长期剪刀差会引发成本推进型通货膨胀。

（2）自我国进入宏观经济新常态以来，CPI 水平保持正增长的同时，PPI 水平却出现连续的下滑状态，二者之间出现较大程度的背离，探究原因主要有：

① 受非洲猪瘟疫情等因素影响，猪肉价格上涨推高 CPI 同比涨幅。但是如果扣除食品和能源价格，核心 CPI 总体上处于较低水平，远远谈不上通胀。

② 全球经济复苏乏力，国内经济下行压力加大情况下，国内实体经济发展面临着需求不足的挑战，上中游行业存在产能过剩、企业库存高企现象。同时受疫情防控影响，工业企业停工停产导致 PPI 同比处于跌势。

③ 构成 CPI 的商品和服务当中，上中游市场化程度高，上游环节成本变化容易向下游甚至是消费者传导。在工业领域当中，下游产能规模大，竞争充分，但是上游原材料市场化程度有待进一步提高，这也容易带来 CPI 和 PPI 的剪刀差。

六、恒大财务危机（◆◆）

2021 年 8 月 31 日，中国恒大发布了 2021 年前六个月的中期财务报告。很明显，恒大陷入了财务危机。上市公司陷入财务危机财务指标特征是什么？恒大陷入财务危机的原因有哪些？

答案：（1）分析上市公司财务危机的指标主要包含偿债能力指标和盈利能力指标。

① 偿债能力指标主要包含流动比率、速动比率、资产负债率和利息保障倍数四个指标。上市公司陷入财务危机，偿债能力的几个指标与正常公司相比会明显偏低，并且公司流动资产中很大一部分是应收账款，应收账款可收回的不确定性及发生损失的可能性较大，进而削弱了公司的偿债能力。

② 盈利能力指标主要包含营业毛利率、总资产净利率、净资产收益率等三

个指标。上市公司陷入财务危机，盈利能力的几个指标与正常公司相比会明显偏低，公司资产运营效果极差，盈利能力极弱，未能给股东带来回报。

(2)恒大陷入财务危机的原因有：

① 资金链断裂。恒大作为房地产行业的龙头企业，在过去的发展之中，为加速企业的快速发展，先后通过银行贷款和债券发行等方式向外部渠道融资，但由于我国开始对房地产行业实行收紧，各家银行对房地产企业的贷款要么是拒绝，要么是延长付款周期，这也意味着恒大之前的融资方式已出现问题，这种情况下恒大只能通过其他方式来进行融资了，这也导致公司的资金链彻底断裂了。

② 疫情的影响。今年疫情在我国多地不断反复，我国经济整体下行。这一时期的老百姓不断地开始克制消费，房地产行业也迎来了发展的寒冬。这一过程中恒大虽对全国各地的楼盘进行降价销售处理，虽在一定程度上缓解了企业的资金压力，但对如此高负债的恒大来说，这点钱恐怕真的是杯水车薪了。

③ 多元化战略。在过去的很多年中，为了实现企业利润最大化，恒大实行的是多元化发展战略，旗下业务包括物业、旅游、汽车等。而事实上，这些业务线很多都是亏损的，而恒大目前的债务危机有很大一部分来自这些子公司所欠下的钱。比如恒大的汽车，基本上是没有实现过太大的盈利。因此，恒大的此轮债务危机是在多重原因共同导致下的综合结果。

【科兴提示】类似的事件还有海航债务重组，涉及的考点是公司治理，这也是命题的一个热点。

七、中概股回归港股(◆◆)

中国概念股(简称中概股)，是指外国投资者对所有海外上市的中国股票的统称。中国概念股主要包括两大类：一类是在我国大陆注册、国外上市的企业；另一类是虽然在国外注册，可是主体业务和关系仍然在我国大陆的企业。自2019年11月26日阿里巴巴在香港二次上市以来，京东、网易等中概股纷纷回归港股。到2020年末，在香港二次上市的中概股已有10家。本轮中概股回归的原因是什么？为什么选择港股而不是A股？

答案：(1) 本轮中概股回归的原因是：

① 价值长期被低估。由于中概股自身存在营业收入高速增长与经营性现金流净额不佳之间的反差、中美会计准则的不同、VIE结构、大股东持股比例过高等原因，加上美国监管机构对非本土上市公司较低的财务和信息披露要求，以及投资者对中概股天然的语言壁垒和信息不对称，中概股在美股市场一直存在估值

歧视问题，自 2010 年以来便长期跑输纳斯达克指数，期间更是引发过多次做空潮。

② 遭遇信任危机。2020 年年初，瑞幸咖啡曝出财务造假丑闻后，中概股陷入新一轮的信任危机。资本市场的动荡以及信任危机的蔓延，让中概股举步维艰。随后，美国政府更是收紧了对中概股的控制。

（2）中概股偏爱回归港股市场的主要原因有：

① 上市流程和市场环境与美股市场更相似。企业回港股二次上市申报时可以直接采用美国会计准则编制 GAAP 的财务报表，而回 A 股二次上市时需要按照中国会计准则转换财务报表。

② 在外资行业准入、汇兑等方面更为宽松灵活。港股对二次上市的市值要求更低，要求市值不低于 100 亿元港币。而 A 股的要求是市值不低于 200 亿元人民币。另外，中概股主要股东或投资者更倾向于持有美元而非人民币。因为，在香港实施的联系货币汇率制度下，港元能以相对固定的汇率自由地兑换成美元。

③ 有利于企业后续对接国际市场。若中概股赴美上市，部分国际投资者可通过存托银行将 ADR（美国存托凭证）转换成港股。

④ 港股通的开通，使得赴港上市的优质企业未来有望成为港股通标的，同时享受到国际资金和内地资金的青睐。

⑤ 港交所不断地为独角兽企业的回归扫除各种障碍，锐意改革的脚步不停，同股不同权优先对二次上市放开。

八、美股连续熔断（◆◆）

美股在 2020 年 3 月 9 日、12 日、16 日以及 18 日短短 10 天内连续 4 次出现熔断现象。而在此前，自 1988 年美国股市熔断机制建立至 2019 年末，触发熔断现象仅发生一次，即 1997 年 10 月 27 日的熔断，当时道琼斯工业指数暴跌了 7.18%，创下自 1915 年以来最大跌幅。什么是熔断机制？美股连续熔断的原因是什么？为什么熔断机制在我国行不通？

答案：（1）熔断机制是指在股票交易时，当价格波动幅度超出一定范围，交易将暂停一段时间的机制。熔断机制相当于给市场一个缓冲期，利用暂停交易的那段时间给投资者一个冷静思考的机会，维护股市秩序，防止市场过度买卖造成股市剧烈震荡。当前美国的熔断机制以标普 500 指数为参考，设置三档标准，当市场在美股常规交易时段跌至 7%即达到一级市场熔断；当跌至 13%即达到二级市场熔断；当跌至 20%即达到三级市场熔断。

(2)美股连续熔断的原因有：

① 资产泡沫。美国股市近些年处于高位，本身存在一定的泡沫，这是这次暴跌的先决条件。美国股市从 2009 年以来，就进入一个相对漫长的牛市。近些年来，美国经济虽然发展态势良好，但其实增长速度不快，股市却涨的飞快，这包括政治、社会等各方面的原因。为了刺激股市，美国政府屡次使用降息等手段，如金融危机后的四轮量化宽松的货币政策。但股市从长期来看，类似于称重机，有回归的特性。

② 美国国债收益率倒挂。美国经济近几年从实质上说呈现疲软态势，美股这几年的繁荣从某个方面来看，可以说是资金推动的。当大家都倾向于把资金投向低风险国债时，说明市场上的其他资金不看好未来的经济形势。利率倒挂就是短期利率高于长期利率。疫情影响下，市场爆发恐慌情绪，大家把目光转向了低风险的国债市场，需求增加，债券价格上升，债券收益率因此下降。

③ 疫情的原因。由于新冠疫情在国外的快速传播，各国经济普遍受到影响。美国本身是一个靠消费拉动经济的国家，疫情对他们的影响显然较大，因此对 2020 年经济增长的预期下调。在全球经济预期大幅度下跌的背景下，股市承担压力较大。

④ 沙特和俄罗斯的石油价格战。美股 2020 年第一次熔断也有一部分是因为沙特和俄罗斯谈判破裂，展开石油价格战。沙特增产降价直接影响了美国的页岩油公司，美国的石油公司股价暴跌。石油价格的暴跌是此次美股价格暴跌的一个导火索。油价影响了能源股和美国页岩油相关的公司股票，生产石油的企业成本由于石油战跌到成本线以下，从而导致石油公司股价暴跌。

(3)熔断机制在中国行不通的原因有：

① 中国的涨跌停制度，已经是一种熔断机制。美国、韩国等国家之所以实行熔断，是因为并未设置涨跌停限制。但是，中国目前实行的是 10%的涨跌停限制，不仅与熔断机制的 5%和 7%相差较小，与很多国家推出的熔断机制的阈值也有较大差距。在 10%内再设立 5%、7%的熔断点，等于是在刺激投资者的恐慌情绪。2%的间隔，使得散户想脱手、管理部门想救的时机都无法捕捉。

② 价值投资理念尚未形成气候。美国的投资大部分是以价值投资为核心的。从大部分国家的成功经验来看，熔断机制的启动均是在市场出现严重问题之后。美国很少触发熔断机制，主要原因在于，美国股市很少存在恶意炒作、投机倒把的风潮和现象。相反，我国许多时候仍然是以炒为主。这也是 2015 年上半年的疯狂上涨和紧随其后的断崖式下跌的主要原因。

③ 熔断机制在并未完全自由化发展的市场内很难发挥作用。中国证券市场仍属于政策主导型，政府掌握着以非流通股形式存在的很多股票，市场自由化并未完全放开，大量的蓝筹股和权重股都受到国家政策的强力保护。

④ 国内市场投资者格局凌散。发达国家的股市大部分是以机构投资者为主体的，投资方式主要以价值投资为主，投资者相对更加理智。而我国股市主要以散户为主，容易形成“羊群效应”。散户的最大特点是跟风或恐慌，风险隔离能力弱。当股市上扬时，散户容易出现跟风炒作；股市出现下行，就恐慌性出逃和杀跌。熔断机制从本质上来讲是以牺牲市场效率来换取市场暂时的稳定，但并不能抚平投资者的恐慌情绪。

九、公募 REITs 试点(◆◆)

2020 年 4 月 30 日，国家发展改革委与中国证监会共同发布了《关于推进基础设施领域不动产投资信托基金(REITs)试点相关工作的通知》，正式启动基础设施领域的公募 REITs 试点工作。什么是 REITs？它与资产证券化有什么区别？现阶段推出 REITs 有什么意义？

答案：(1)REITs(Real Estate Investment Trusts)即房地产信托投资基金，是一种以发行收益凭证的方式汇集特定多数投资者的资金，由专门投资机构进行房地产投资经营管理，并将投资综合收益按比例分配给投资者的一种信托基金。房地产信托投资基金通过集中投资于可带来收入的房地产项目，例如购物中心、写字楼、酒店及服务式住宅，以租金收入和房地产升值为投资者提供定期收入。

资产证券化是把能在未来产生可预见的稳定的现金流的资产或资产组合，通过一定的结构设计和资产转移，将资产的风险与原始权益人隔离，把资产产生的现金流进行重新整合，转换成可以向投资者出售或转让的证券的一种金融工具。资产证券化的基本技术是破产隔离与真实销售，通过把拟证券化资产转移给 SPV，实现证券化资产与原权益人经营风险的隔离，从而保护投资人不受到原始权益人破产的影响。

资产证券化和 REITs 虽然经常一起使用，但二者本质上是不同的：

① 从本质上来说，REITs 是一种投资基金，资产证券化并不是基金。REITs 在法律上属于资金信托，资金的转移是没有税的；但证券化中资产转移是财产权的转移，尤其是房屋产权的转移，在我国是有较多税的。

② 从产品的特征上看，资产证券化最重要的特征就是它有一个资产转移的过程，目的是为了隔离原始权益人的债务或破产风险，而 REITs 是投资于公司的

股权，是没有资产转移的过程的。

③ 两者的评级、监管、主体也不一样。REITs 是先募集资金再投到持有房地产的公司，或购买住房抵押贷款或其证券，从监管上应该首先适用基金的监管规定；而资产证券化，在我国先是由银行信贷资产证券化，形成了一套完整的监管体系，对于企业资产的资产证券化，证监会和基金业协会也有一套监管规定，对于证券化产品的发行和交易，深交所、沪交所和银行间交易协会、机构间报价系统等机构也有相应的交易规则。

(3)我国近期推出 REITs 有以下几个方面的意义：

① REITs 有利于深化金融供给侧改革，增强资本市场服务实体经济能力。

② REITs 有利于盘活基础设施存量资产，提供增量资金来源，增强政府和企业的再投资能力，畅通经济内循环。

③ REITs 作为权益性金融产品，有利于提升股权融资比重，降低杠杆率、改善资产负债结构，增强风险地域能力。

④ REITs 回收资金用于补短板领域，有利于促进基础设施高质量发展。

⑤ REITs 具有流动性比较高，收益相对稳定，安全性比较强等特点，可填补当前大类金融产品的空白，拓宽社会资本的投资渠道，满足不同风险偏好的投资需求。

十、央行降准(◆◆◆)

中国人民银行宣布，2021 年 7 月 15 日起下调金融机构存款准备金率 0.5 个百分点(不含已执行 5%存款准备金率的金融机构)。这是 2018 年以来的第 11 次降准，共释放长期资金约 9 万亿元。通过降准政策的实施，满足了银行体系特殊时点的流动性需求，加大了对中小微企业的支持力度，降低了社会融资成本，推进了市场化、法治化“债转股”，鼓励了广大农村金融机构服务当地、服务实体，有力地支持了疫情防控和企业复工复产，发挥了支持实体经济的积极作用。

【问题】

1. 本次降准的理由是什么？降准和降息的区别是什么？

答案：(1) 本次降准的理由，针对大宗商品价格上涨对企业生产经营的影响，要在坚持不搞大水漫灌的基础上，保持货币政策稳定性、增强有效性，适时运用降准等货币政策工具，进一步加强金融对实体经济特别是中小微企业的支持，促进综合融资成本稳中有降。

(2) 降准和降息的区别如下:

① 主体不同:降准的主体是中央人民银行,法定存款准备金是国家规定的商业银行向中央银行上交的金额,以确保商业银行的正常运营。降息的主体是商业银行,降息也就是降低利息,这样有利于向社会贷出资金。

② 面对群体不同:降准的受体是商业银行,中央银行办理的业务是针对商业银行的。降准是中央银行采取的针对商业银行的政策;降息的受体是企业和个人,商业银行办理的业务是针对企业、个人等群体。降息是商业银行采取的针对社会群体的政策。

③ 作用方式不同:降准可以释放商业银行在央行的保证金,增加市场资金供给,有利于刺激生产环节,降准是为了释放银行业的流动性,让市场上的钱多一些;降息不增加市场资金量,但可以改变资金的投向。

2. 简述法定存款准备金政策的作用机制及优缺点。

答案:(1)存款准备金政策,是指在国家法律所给予的权利范围内,通过规定和调整商业银行交存中央银行的存款准备金率,控制商业银行的信用创造能力,间接地调节社会货币供应量的政策工具。如中央银行认为存在通货膨胀压力时,就可能提高法定存款准备金率,使商业银行交存中央银行的法定准备金增加,用于发放贷款的超额准备金减少,促使商业银行收缩信贷规模,使货币供应量减少,利率回升;另外,准备金率的提高,还会引起货币乘数的下降,从而引起货币供应量的倍数收缩,从而达到紧缩货币供应量的目的。反之亦然。

(2)法定存款准备金率,被认为是货币政策中最猛烈的工具之一,其优点表现在:

① 法定准备金率是通过货币乘数来影响货币供给量的,因此,即使法定准备金率调整幅度很小,也会引起货币供应量的巨大波动。

② 即使法定准备金率不变,它也在很大程度上限制了存款机构创造派生存款的能力。

③ 即使商业银行等存款机构由于种种原因持有超额准备金,法定准备金率的调整也会产生效果,如提高法定准备金率将冻结一部分超额准备金。

但是,法定存款准备金制度也存在着以下局限性:

① 由于效果过于强烈,不宜作为中央银行日常调控货币供给的工具。

② 由于同样的原因,它的调整对整个经济和社会心理预期都会产生显著的影响,以致使它有了固定化的倾向。

③ 调整存款准备金率对各类银行的影响不同,因而货币政策实现的效果可

能因为这些复杂情况的存在而不易把握。

3. 为什么法定存款准备金率在西方国家不常运用，而在我国却被作为中国人民银行的日常操作工具？

答案：我国把存款准备金率作为惯用的货币调控工具的原因主要有两个方面。

一方面，与我国的整个宏观经济环境和相关制度的不完善有关。我国汇率制度弹性较弱，无法通过灵活调整汇率来解决我国出口增加和短期资本大量流入的问题。持续的贸易顺差是我国宏观经济领域存在的一个突出特征。外汇大量流入我国，而外汇占款的持续增加势必造成被动性的货币投放增加、市场流动性过剩，随之就是通货膨胀压力加大。同时，我国金融市场不发达，公开市场操作工具不多、操作技术的局限等客观约束又制约了通过公开市场操作对冲流动性的操作空间。诸多因素造成人民银行只能依赖存款准备金制度作为主要的货币政策操作工具，以此回笼流动性，降低通货膨胀预期。

另一方面，相比公开市场业务和再贴现政策，存款准备金政策本身具有一定的优势。其调整效应猛烈，只需较小的变动就可以给经济带来巨大的影响，更快地实现货币政策目标。与公开市场业务相比，使用调整法定存款准备金率这一工具的成本远远低于发行中央银行票据的成本，且不用面对到期赎回的压力。而且，在实施中能够起到良好的告示作用，以连续小幅度的调整，在政策预期方面起到明显的提示作用，及时给公众释放信号，各经济主体会在理性预期的基础上做出经济决策并调整其经济行为，从而实现中央银行的预期政策目标。

十一、美联储量化宽松(◆◆◆)

为应对疫情暴发导致的经济金融危机，美联储自 2020 年 3 月以来实施了极度宽松的货币政策，例如将联邦基金目标利率降至 0—0.25%、启动无上限量化宽松等。其结果便是货币大幅增加，2020 年 2 月至 2021 年 7 月，美国基础货币增长了 77.5%，广义货币 M2 增长了 33.5%。(财新网数据)美联储的这一轮量化宽松给世界各国带来了输入型通胀预期。

【问题】

1. 美联储本轮量化宽松的理论基础是 MMT 理论，什么是 MMT 理论？该理论有什么理论缺陷？

答案：(1) 现代货币理论(Modern Monetary Theory，MMT)认为，现代货币体系实际上是一种政府信用货币体系。并非先有税收，再有财政开支；反而是财政开支创造了货币流通，政府再通过税收回收货币。财政赤字并不意味着政府会陷入财政危机，赤字相当于增加货币供给。基于该货币理论，MMT 主张"功能性"财政政策，财政开支不必量入为出，而应以促进就业和民生为原则。

(2) 现代货币理论认为，央行可以充分发挥货币创造功能，以追求充分就业为目标。货币发行只要不引起过高的通胀，那么就可以无限制地发行。这为财政赤字货币化打开了闸门。该理论的硬伤之一是，仅仅以通胀率水平作为约束货币发行参考指标，这就忽略了股票等金融资产价格的上涨，这为金融泡沫风险累积埋下了一个隐患。第二个硬伤是，这种理论仅适用于货币国际化程度高的国家，他们放任扩张国家债务和增发货币的行为对自身的伤害较轻。其他国家如果效仿起来，结果注定是高涨的通货膨胀和债务危机。

2. **美联储量化宽松会给其他国家带来输入型通货膨胀预期。请运用国际收支的货币论来分析输入型通货膨胀对采用固定汇率制和浮动汇率制国家的影响。**

答案：国际收支的货币论以一价定律为理论基础。如果一价定律成立，那么中央银行必须在汇率和本国价格水平之间做出政策选择。已知，$P=eP^*$，在固定汇率制度下，e 为常数，意味着国内价格 P 将对应于国外价格水平 P^*。这就是通常所说的输入性通货膨胀的情况，即在维持汇率固定的情况下，如果外国价格水平上升，则国内价格水平也会上升。在浮动汇率制度下，汇率可以自由变动，达到外汇市场出清所需要的均衡水平。中央银行可以选择国内的通货膨胀不受他国影响。若选择国内通货膨胀低于国外的通货膨胀，那么本币将升值。

3. **中国作为美国最大贸易伙伴，对美常年保持贸易顺差，美国持续推行债务扩张和无限量化宽松，其溢出效应对我国影响最大、最直接、最深刻。请谈谈该溢出效应的传导途径以及我国的应对措施。**

答案：(1) 通胀输入的第一个通道，是我国与美国的贸易联系和美元外汇的结汇机制。我国企业出口挣取的美元，除去少数拥有自主保留外汇许可的企业，需要向商业银行进行结汇，按照央行公布的汇率换为人民币，这样我国对美贸易顺差的大部分就转换为人民币进入流通领域。对美贸易顺差越大，由美元换汇形成的外汇占款人民币的被动投放就越多。尽管央行对外汇占款形成的人民币投放有调节和管理措施，但总体上由对美国出口带来的美元流入，其通胀输入效应仍然是存在的。与此类似的，以美元计价流入中国的投资，其在中国经营活动，也需转换为人民币，并增加了人民币的投放。

通胀输入的第二个渠道，是由于西方货币超发导致全球基础能源、资源和原材料价格的大幅上升。我国作为世界第一制造业大国，所需要的大量基础原材料依赖进口，这导致我国制造业成本上升，工业制成品价格不得不上涨。在我国具有竞争力的产业领域，这些制成品出口可以通过价格上涨部分地抵消成本上涨。但用于国内消费的制成品，将不可避免推高国内的价格水平。

（2）在美国和西方央行大肆印钞的形势下，作为出口大国和贸易顺差大国，输入性通胀不可避免。如何最大限度减轻输入性通胀的危害，值得深入思考。

首先，扩大内需。构建“以国内大循环为主、国内国际双循环相互促进”的新发展格局，牢牢把握扩大内需这个战略基点，把满足国内需求作为发展的出发点和落脚点，激发超大规模国内市场的巨大潜力，既是我国对抗短期外部经济环境冲击的举措，也是保证我国经济高质量发展的根本战略。

其次，减少顺差。在我国进入新发展阶段的当下，应该重新审视出口、进口和贸易顺差的意义和价值。我国作为全球第一制造业大国和第一货物出口大国，常年保持贸易顺差，人民币汇率稳定有坚实的基础。中国经济体量巨大，拥有超大规模的内需市场，内循环具备广阔的空间和纵深。我国当然应该发挥出口对经济的拉动作用，但无须追求贸易顺差，而应更加注重进口、出口的平衡。

第三，人民币适当升值。进一步完善人民币汇率形成机制，坚持市场化方向，增强汇率弹性。2020 年在美国对我国商品大幅加征关税和人民币汇率升值的情况下，我国出口继续保持大幅增长。这表明在我国抗疫取得战略性胜利的形势下，我国对美国和其他国家的出口绝大部分都是刚需，也表明我国出口企业竞争力已经超越凭借廉价获取竞争优势的阶段。

第四，货币政策回归常态化。为控制我国通胀上升，在货币政策上要进一步突出金融服务实体经济，把握灵活精准、合理适度，保持货币供给和社会融资规模增速与经济增长率基本匹配，把资金更多引导到支持小微企业、科技创新、绿色发展、国家战略项目上。

第五，充分用好财政政策工具。我国财政体系基础稳健，政策工具箱充足，支持经济稳健增长，财政政策有更大的空间。

十二、比特币成为法定货币(◆◆◆)

2021 年 6 月，萨尔瓦多通过了比特币在该国成为法定货币的《萨尔瓦多比特币法》法案。9 月 7 日，比特币正式成为了萨尔瓦多的法定货币，成为世界上第一个赋予数字货币法定地位的国家。

【问题】

1. 什么是比特币？比特币作为法定货币有什么缺陷？

答案：（1）比特币(Bitcoin)的概念最初由中本聪在 2008 年 11 月 1 日提出，

并于2009年1月3日正式诞生。与信用货币不同，比特币不依靠特定货币机构发行，它依据特定算法，通过大量的计算产生，比特币经济使用整个P2P网络中众多节点构成的分布式数据库来确认并记录所有的交易行为，并使用密码学的设计来确保货币流通各个环节安全性。P2P的去中心化特性与算法本身可以确保无法通过大量制造比特币来人为操控币值。

（2）比特币的缺陷有：

① 缺乏国家信用支撑，难以作为本位币履行商品交换媒介职能。首先，比特币不具备作为货币的价值基础。其次，比特币没有法偿性和强制性，流通范围有限且不稳定。最后，比特币具有很强的可替代性，很难固定地充当一般等价物。

② 数量规模设定了上限，难以适应现代经济发展需要。比特币有限的数量与不断扩大的社会生产和商品流通之间存在矛盾，若成为本位币，必然导致通货紧缩，抑制经济发展。数量的有限性使比特币作为流通手段和支付手段的功能大打折扣，更容易成为投机对象而不是交换媒介。

③ 缺少中央调节机制，与现代信用货币体系不相适应。比特币没有集中发行方，容易被过度炒作，导致价格波动过大。而且，比特币不受货币当局控制，难以发挥经济调节手段的作用。

2. 2021年9月24日，中国人民银行发布进一步防范和处置虚拟货币交易炒作风险的通知。通知指出，虚拟货币不具有与法定货币等同的法律地位。请从三元悖论角度解释，为什么萨尔瓦多可以接受采用比特币作为法定货币，而中国不行。

答案：与中国不同，萨尔瓦多是一个小型经济体。2001年拉美货币危机爆发后，萨尔瓦多基本上放弃了本国货币科朗，改用美元作为官方货币，目前其国内流通货币90%都是美元。这种以他国货币作为本国货币的特殊现象被称之为“美元化”。美元化是一种非常极端的固定汇率制度，根据国际金融领域的“三元悖论”模型，如果萨尔瓦多选择了严格的固定汇率制度（如完全美元化）和资本自由流动，就只能放弃本国货币政策的独立性。因此，选择美元还是比特币作为法定货币，对于萨尔瓦多这样的小国并无本质区别。

而中国是全球第二大经济体，目前正致力于加快构建“以国内大循环为主体，国内国际双循环相互促进”的新发展格局，不可能让任何国家、任何组织来主导本国货币政策。近年来，中国采取的是“有管理的浮动汇率制度”，即介于固定汇率制度和完全浮动汇率制度之间的一种中间汇率制度。这种中间汇率制度在资本流动、汇率弹性等方面各取其半，但在货币政策上仍保持了较大的独立性。对于中国而言，这可以说是一条不可逾越的底线。

十三、蚂蚁金融暂缓上市(◆◆◆)

2020 年 11 月 3 日，上海证券交易所发布关于暂缓蚂蚁科技集团股份有限公司科创板上市的决定。蚂蚁集团暂缓上市，引发了金融创新和金融监管的讨论。

【问题】

1. 金融监管的理论依据有哪些?

答案：金融监管的理论依据主要有：社会利益论、金融风险论、投资者利益保护论及管制供求论与公共选择论。它们的论证各有自己的侧重点，但相互之间也有一定交叉。

(1) 公共利益理论。公共利益论认为，金融监管的基本出发点是要维护社会公众的利益。而社会公众利益的高度分散化和市场缺陷的存在，有必要让代表公众利益的政府在一定程度上介入金融经济生活，通过监管来纠正或消除市场缺陷，以达到提高社会资源配置效率的目的。

(2) 金融风险论。该理论主要从关注金融风险的角度，论述了对金融业实施监管的必要性。首先，由于金融业高负债率的特点，金融业是一个特殊的高风险行业；其次，金融业具有一旦发生危机就会引起连锁反应的特点。作为整个国民经济中枢的金融体系，其中任一环节出问题，都会引起牵一发而动全身的后果。金融风险的这些内在特性，决定了必须有一个权威机构对金融业实施适当的监管，以确保整个金融体系的安全与稳定。

(3) 投资者利益保护论。在经济生活中，由于信息不对称的存在，会导致交易的不公平性，即拥有信息优势的一方可能利用这一优势来损害信息劣势方的利益。这就要求政府对信息优势方的行为加以规范和约束，为投资者创造一个公平、公正的投资环境。

(4) 管制供求论。管制供求论将金融监管本身看成是存在供给和需求的特殊商品。从管制的需求看，金融监管是那些想从监管获得利益的人所需要的。从管制的供给看，政府官员提供管制是为了得到对自身政绩更广泛的认可。由此可见，是否提供管制以及管制的性质、范围和程度最终取决于管制供求双方力量的对比。

(5) 公共选择论。公共选择论与管制供求论有很多相似之处：它同样运用供求分析法来研究各利益集团在监管制度提供过程中的相互作用。不同之处在于，该理论强调“管制寻租”的思想，即监管者和被监管者都寻求管制以牟取私利。监管者将管制当作一种“租”，主动地向被监管者提供以获益；被监管者则利用管制来维护自身的既得利益。

2. 简述金融创新与金融监管的关系。

答案：金融创新与金融监管的关系为：

（1）金融监管诱发了金融创新

金融监管之所以成为诱发金融创新的重要原因，是因为，监管实际上是对金融企业的一种成本追加，或称隐含的税收，金融监管增加了金融机构潜在的经营成本，限制了金融企业的盈利能力，导致这些金融企业“发掘”金融监管的“漏洞”，以回避它们。当金融法规的约束大到回避它们便可以增加经营利润时，“发掘漏洞”和金融创新就自然产生了。

虽然从金融创新与金融管制的关系来看，二者有着很高的相关程度。金融管制越严格，金融创新越活跃。但是，并不是任何金融管制都能诱发金融创新，金融管制对金融创新产生诱发作用必须具备以下三个条件：第一，金融管制影响金融机构在市场竞争中的活动，威胁其经营地位和目标。第二，金融管制存在一定的“漏洞”，使创新主体有“空子”可钻，这样创新才有可能。第三，金融机构通过创新产生的收益大于其受管制的机会成本，即创新有利可图。只有以上三个条件都具备时，创新才会变成现实。

（2）金融创新也促进了金融管制的完善

金融创新使西方各国的原有金融管制失去了效力，并推动了 20 世纪 80 年代的金融自由化，但金融自由化和金融创新同时也增大了金融风险，使金融体系出现新的不稳定因素。在此背景下，各国政府必然要求进一步完善金融管制，以维持金融秩序的持续稳定。20 世纪 90 年代以来，西方国家主要加强了以下金融监管内容：第一，加强资本充足性比率的监管，增强金融机构抗风险的能力；第二，扩大监管范围，将金融创新过程中出现的新型金融机构和表外业务纳入监管范围；第三，完善监管技术，加强电子转账与信息系统的安全管制；第四，加强金融监管的国际合作，对跨国性的金融创新交易实行统一的监管标准，确保金融交易既有效率，又安全可靠。

总之，金融监管和金融创新实际上就一种“相互博弈，相互完善，相互创新”的过程，金融创新部分抵消了某些金融监管的预期效果，但随之而来就是另一种内容和结构的金融监管政策，总结起来就是：管制—创新，创新—管制，两者是互为因果，相互作用、相互完善、相互促进的辩证关系，促进了金融业的发展。

3. 简述金融创新与金融风险的关系。

答案：金融创新与金融风险的关系为：

(1) 对金融风险转移与分散的需求导致了金融创新

从金融创新对金融风险的转移和分散功能看，20 世纪 70 年代以来创新的金融工具，如 NOW 账户、浮息票据、金融期货、可转让贷款合同及证券化资产等，使金融企业的资产流动性大大提高的同时，规避了利率风险、汇率风险、通货膨胀风险及信用风险等。同时，金融创新为分散和转移风险创造了新的途径。如股指期货的产生有利于防范股票市场的系统性风险。从金融制度创新的角度看，金融制度的创新不仅有利于转移金融风险，还有利于加强对金融业的监管，减少金融业的风险，维护金融体系的稳定。

(2) 金融创新也带来了新的金融风险

第一，创新增加了金融机构的经营风险。金融创新使金融机构同质化严重，竞争更加激烈，银行传统的存贷利差缩小。为了获得必要的利润，金融机构常常从事高风险、高收益的业务，导致银行经营风险增加。

第二，创新增加了表外风险。表外业务是不反映在资产负债表上的业务，它至少包括两类：一类是与传统信贷相结合的业务，如承诺、担保、承兑等；另一类是与有价证券衍生工具买卖相关的业务，如买卖金融期货合约、安排掉期和互换等。表外业务具有的“或有负债”性质蕴含着极大风险。

第三，创新增加了伙伴风险。金融创新推动了金融业的同质化、自由化、现代化与国际化。这样一来，金融体系中某个环节的差错可以波及整个金融体系，造成一国金融市场的急剧动荡，并利用金融创新工具提供的便利条件迅速地在国家间转移，从而使金融动荡迅速传及整个国际金融体系。

第四，创新增加了投机风险。金融创新工具在为单个经济主体提供市场风险保护的同时却将风险转移到了另一经济主体身上，即对整个经济体系而言，风险只发生了转移，并没有被消除，风险仍然存在于经济体中。而当市场主体都想转移同一方向的风险时(如都认为价格下跌，都希望通过金融工具转移这一风险)，风险出售者就无法找到风险承担者，金融创新工具提供的保险功能将不复存在，风险在此时会集中暴露，给金融体系和经济体系造成严重打击，这就是说，金融创新造成了更大的投机风险，这种风险的破坏性更大。

第五，创新增加系统性风险的累积。商业银行传统存贷利差的获利空间被挤占，促使其进行大规模的监管套利，影子银行信贷规模快速扩张。随着理财产品的创新(如结构性存款)和不受监管的理财产品的套嵌越来越复杂时，面对信息缺失、监管不力的情况，就很容易引发系统性金融风险。

4. 简述金融创新对货币需求的影响。

答案：金融创新对货币需求的影响表现在以下方面：

（1）金融创新改变了货币需求的构成

金融创新改变了货币需求的构成，交易性货币需求下降，投资性货币需求上升。随着创新金融工具的大量涌现，出现了许多能够满足人们流动性需要的账户和工具，此外金融创新带来的金融电子化和支付结算系统的改革，缩小了狭义货币、特别是现金的使用范围，转账结算成为现代社会经济生活中普遍使用的支付方式，从而减弱了人们对货币的流动性偏好，因而导致交易性货币需求的下降。同时，金融创新带来的金融市场高度发达和证券化趋势，使得介于资本市场和货币市场之间的金融工具大量增加，这些新型的金融工具既能获得交易支付便利，又可获得高投资回报，使得投资性金融资产在社会总财富中的比重增加，导致人们的投资性货币需求上升。

（2）金融创新降低了货币需求的稳定性

由于金融创新导致交易性货币需求下降，投资性货币需求上升。而在理论上，交易性货币需求主要受国民收入的影响，一国国民收入在短期内是相对稳定的，它决定了交易性货币需求有可以预测和相对稳定的特点。但投资性货币需求主要取决于持币的机会成本和个人预期等因素，金融创新导致全球性金融管制放松，利率、汇率、股价变化无常，加上人们预期心理影响，这些都决定了投资性货币需求具有不稳定性特征。因而，整体上看，金融创新导致交易性货币需求比重下降和投资性货币需求比重上升，使得货币需求稳定性下降。

（3）金融创新使货币流通速度发生变化

货币流通速度是影响货币需求的一个非常重要的变量，金融创新对货币流通速度的影响如下：

第一，金融创新提高了狭义货币的流通速度。一方面金融业务创新所推出的NOW、ATS 等新型账户，兼有活期存款和储蓄账户的双重优点，成为狭义货币的最佳代替品，促使大量狭义货币转向此类账户，加快了狭义货币的流通速度。另一方面金融交易手段和支付系统的创新直接减少了对狭义货币的需求，也加快了其流通速度。

第二，金融创新对广义货币流通速度的影响较小。首先，由于广义货币包括狭义货币，前述创新引起的狭义货币向广义货币的转化并不影响广义货币的流通速度。其次，虽然金融交易手段和支付系统的创新减少了狭义货币的需求，在一定程度上加快了狭义货币的流通速度，但由于金融创新导致狭义货币在广义货币中的比重下降，其影响程度远比对狭义货币的影响小得多。

5. 简述金融创新对货币供给的影响。

答案：金融创新对货币供给的影响体现在：

（1）金融创新使货币供给的层次划分变得更加困难

各国中央银行根据金融资产的流动性不同将货币供给划分为 M0、M1、M2、M3 等，然后根据宏观调控的需要，有重点地进行控制。但金融创新后，由于不断出现新的金融工具，金融资产的相互替代性也在增大。如 NOW 账户、ATS 账户等，使得货币的层次划分变得困难，导致各国对货币层次的划分不断进行修改。但金融创新活动并未停止，使得中央银行对货币供给无法准确计量。

（2）金融创新使基础货币的可控程度降低

一般地，基础货币由流通中的通货和银行准备金构成，它是中央银行投放的货币，是一国货币供应的基数。而且，一般是通过向存款机构(商业银行)贷款和在公开市场上买卖证券来控制基础货币的。金融创新使存款机构的筹资渠道大大拓宽，技术进步提高了存款机构的临时调拨资金的能力，各种金融创新工具也在整体上提高了存款机构的资产流动性，从而使存款机构向中央银行贷款的意愿降低，中央银行通过向存款机构贷款调控基础货币的效应大大减弱。结果，中央银行只能以在公开市场上买卖证券为主，使其调控基础货币的能力削弱了。

（3）金融创新加大了货币乘数的作用

货币供应量，可以看作是基础货币和货币乘数的乘积，因此，基础货币既定时，货币乘数决定了货币供应量的大小。而货币乘数是通过通货比率、定期存款比率、法定存款准备金率和超额准备金率这四个因素发生作用的。金融创新使这四个因素都发生了不同程度的变化：

① 金融创新使通货比率降低。通货比率是指公众持有的通货与其持有的活期存款的比率，它与货币乘数是反比关系。金融创新使各种新工具大量涌现，提高了金融资产的报酬率，从而使公众的持币机会成本提高，减少其通货持有量。另一方面，金融交易、支付及清算技术的创新降低了转账清算的成本，也使公众持有通货比例下降。

② 金融创新使法定存款准备金的实际提缴率下降。由于各国央行一般对不同提缴对象采用差别准备金率，这就为金融创新通过模糊对象界限，减少商业银行活期存款实际提缴法定准备金提供了余地。金融创新出现了不少介于活期存款

和定期存款之间的新型负债类账户，导致传统活期存款的实际余额下降，而一般的规律是活期存款的法定准备金比率高于定期存款的法定准备金比率，金融创新导致的传统活期存款的下降就导致了法定准备金的实际提取率下降，货币乘数加大。

③ 金融创新使银行超额储备下降。超额储备是银行持有的全部准备金扣除法定准备金后的余额，它与货币乘数是反向变动关系，金融创新主要从两方面降低银行超额储备：一是金融创新使存款机构建立储备的供给更为方便，即在需要时可轻而易举地从货币市场上及时补充其准备；二是金融创新使社会公众持有通货的机会成本提高，公众对通货的偏好减弱，存款机构持有库存通货的需求减少。这两方面使得银行超额准备金下降，从而加大了货币乘数。

④ 金融创新使定期存款比率有所变化。定期存款比率是指公众所持有的定期存款与其持有的活期存款之间的比率，与货币乘数存在着反方向变动关系。随着金融创新的推进和金融市场的发展，存款性金融机构的证券服务日益完善，从而提高了银行存款之外其他金融资产的安全性、流动性和盈利性。使得银行定期存款作为价值贮藏手段的吸引力降低，定期存款比率降低，加大了货币乘数。但若银行在创新中也不断推进新型的定期存款工具，增加对公众的吸引力，在活期存款不变时，该比率又会有所上升，从而货币乘数降低。

（4）金融创新增加了货币供给主体

金融创新推动了金融业务综合化和金融机构同质化趋势，模糊了商业银行和非银行金融机构之间的业务界限，混淆了这两大类金融机构在创造存款货币功能上的本质区别。随着融资证券化程度的提高和金融市场的日益发达、支票账户电子资金划拨系统、可转让存单、电话存款、证券化贷款等业务的逐渐完善，使得存款货币的创造不再局限于商业银行，各类非银行金融机构也有创造货币的功能。金融创新以后，在开始混业经营的国家里，货币供给由过去的中央银行提供通货和商业银行提供存款货币两类主体扩展为中央银行、商业银行、非银行金融机构三类主体。

6. 简述金融创新对货币供应量作为中介目标的挑战。

答案：20世纪80年代以来，随着金融创新的出现，使充当中介目标的货币供应量偏离了中介目标的基本要求，从而对货币供应量指标作为中介目标提出了挑战。

（1）金融创新降低了货币供应量中介目标的“可测性”。金融创新模糊了货币供应量的定义或含义，并使中央银行越来越难以观察、监测和分析。例如，金融创新使各种金融资产的流动性发生了很大变化，这就打乱了原有的货币定义中的界限。界定 M1、M2、M3 等不同层次货币的内涵十分困难，中央银行虽然也花费了大量精力试图严格界定货币量的定义、划分层次，但终因金融创新层出不穷而降低了这种努力的结果。

（2）金融创新削弱了货币供应量中介目标的“可控性”。金融创新使货币供应量指标的内生性越来越强，而与货币政策工具之间的联系却变得日益松散和不稳定。金融创新一方面扩大了货币供应的主体，加大了货币乘数，增强了货币供应量的内生性；另一方面，中央银行法定存款准备金率的覆盖面缩小且作用降低，再贴现率的被动性增强，而作用范围减少，这使中央银行对货币供应量的可控性大为削弱。

（3）金融创新削弱了货币供应量中介目标的“相关性”。金融创新使得货币乘数不稳定，控制基础货币也不一定能控制住货币总量；金融创新增强了货币需求的不稳定性，货币供应与最终目标——稳定物价之间的相关性减弱；而金融创新使货币需求利率弹性下降，利率对货币需求的作用力减弱。因此，货币供应量与最终目标之间的联系削弱。中央银行控制住货币供应量，并不一定能实施最终目标。

7. 你认为，近年来金融科技行业的快速扩张代表着历史发展方向，还是仅仅是短期的制度套现现象？

答案：我认为，近年来金融科技行业的迅速扩张仅仅只是短期制度套利。由于互联网监管环境相对宽松，部分互联网金融业务游离于金融监管之外或利用现有分业监管的空白进行套利。例如，部分大型互联网企业通过新设机构、控股或参股金融企业等方式，已演化为事实上的金融控股集团，但其本身并不直接受到监管。其中，一些互联网企业以单纯获取金融牌照为目的，将所控金融机构作为资本运作平台，追逐高额金融投资回报，偏离服务实体经济。

从目前的几家金融科技公司来看，其最赚钱的业务依旧是消费信贷，而其本质也依旧是变相“吃利差”模式，这一点蚂蚁集团也不例外。公开资料显示，蚂蚁集团基本的业务模式仍然是支付（支付宝）、吸收存款（网商银行、支付宝）、发放贷款（网商银行、花呗借呗）、货币市场基金（天弘基金的余额宝）、代销金融产品等业务。从业务模式上，蚂蚁收取的“服务费”，与传统银行的业务并无本质区别。既然本质上是一家金融企业，享受着金融行业的红利，又不愿意接受金融监管，这不是一种赤裸裸的制度套利吗？

8. 计算机互联网不断融入金融行业，你认为这对金融业造成的机遇和挑战有哪些？面对这些机遇和挑战，我国的金融监管和货币政策如何应对？

答案：（1）近年来，阿里、腾讯、百度、京东等科技公司成长迅速，并不断向金融领域渗透发展，利用其长期服务积累的客户数据和新兴的大数据处理技术，一定程度上改变了我国金融服务生态，特别是在一些小额、零售行业，起到了积极助推作用。

① 在电子支付领域，推动我国支付服务深刻变革。今年二季度，我国电子支付业务中，非银支付机构电子支付业务笔数是商业银行的3.52倍。

② 在信贷领域，大型互联网企业积极开展小额信贷业务，促进服务重心不断下沉，金融服务可获得性提升。蚂蚁小贷“花呗”的用户量超过1亿，其中约50%分布在三线以下城市。

③ 在征信服务领域，大型互联网企业开创了以线上数据为基础的信用评价和征信业务。如蚂蚁科技为我国超过3亿“信用白户”建立了数字信用记录，开展线上实时风控。

④ 在资产管理领域，大型互联网企业以良好的线上体验，有效提升用户黏度，有力推动网络资产和财富管理业务。

（2）但与此同时，也给金融业带来了一定的挑战：

① 垄断和不公平竞争。首先，大型互联网企业凭借技术优势掌握大量数据，辅以互联网技术的外部性特征，容易形成市场主导地位。其次，竞争优势可使得大型互联网企业在资源配置中权力过度集中，并逐步强化为市场垄断。第三，大型互联网企业还可能导致维护市场公平竞争的传统措施失效。

② 产品和业务边界模糊。若大型互联网企业大量开展金融业务，但却宣称自己是科技公司，不仅是逃避监管，更容易无序扩张，造成风险隐患，不利于公平竞争，也不利于消费者保护。

③ 信息技术可控性、稳定性风险。大型互联网企业使用前沿信息技术往往给监管机构风险识别、监测与处置造成困难。

④ 数据泄露与侵权风险。大型互联网企业从事金融业务意味着消费者各种金融和非金融信息的集中采集和暴露。一旦保管不当或遭受网络攻击造成数据泄露，稍加分析便可获得客户精准画像，导致大量客户隐私泄露，进而造成重大财产损失和人身安全隐患。

⑤ 系统性风险。首先，大型互联网企业“大而不能倒”。其次，大型互联网企业集团内跨行业、跨领域金融产品相互交错，关联性强，顺周期性更显著，其

风险隐蔽性与破坏性会更严重。

(3) 面对可能出现的风险和问题，应加快建立我国大型互联网企业有效的监管框架，具体措施有：

① 加强顶层设计，完善监管制度体系。明确监督管理原则，立足金融消费者保护、促进市场公平竞争、提高资源配置效率、维护金融市场健康发展、确保金融稳定安全和更好服务实体经济为目的，建立健全有效监管框架。

② 严格市场准入，全面推行功能监管。坚持监管一致性原则，即在现有法律框架下，只要从事相同的金融业务，就要接受同样的监管，以维护公平竞争、防止监管套利。

③ 加强消费者权益保护，在平衡个人信息保护的基础上，加强数据管理，防止数据垄断。在不影响国家信息安全和用户隐私保护的前提下，制定金融科技行业数据标准，推动数据标准的统一、提升数据的机器可读性。

④ 发展监管科技，提升风险识别、防范与处置能力。

⑤ 强化宏观审慎管理，防范系统性风险。科技巨头进入到金融科技领域并发展成为“大而不能倒”的系统重要性大型互联网企业巨头，应明确其金融企业属性，将其纳入金融控股公司监管框架。

十四、数字人民币发行(◆◆◆)

2021 年 7 月 6 日，中国人民银行发布《中国数字人民币的研发进展》白皮书，首次对外系统披露数字人民币研发情况。白皮书显示，数字人民币是央行发行的法定货币，主要定位于现金类支付凭证(M0)，将与实物人民币长期并存，主要用于满足公众对数字形态现金的需求，助力普惠金融。

【问题】

1. 什么是数字人民币？数字人民币有什么特点？

答案：数字人民币由中国人民银行发行，是有国家信用背书、有法偿能力的法定货币。数字人民币(DCEP)的特点有：

(1) DCEP 属于流通中现金，而非银行存款。现有货币体系主要可分为 M0、M1 和 M2，M0 是指流通中现金，M1 包括 M0 和单位活期存款，M2 包括 M1、居民储蓄存款和单位定期存款。DCEP 的定位和纸币一样，对应 M0，即流通中现金。

(2) 商业银行无须为 DCEP 支付利息。由于 DCEP 属于 M0，并非银行储蓄，故不计利息，DCEP 持有人也无法获得利息。

（3）DCEP 具有无限法偿性，任何机构和个人不得拒收。DCEP 由央行发行，国家信用背书使其具有官方赋予的价值特征，因而具有稳定性和无限法偿性。

（4）DCEP 不需要银行账户和网络即可实现支付。DCEP 支付不需要绑定银行账户。现有的银行卡支付业务必须通过传统银行账户才能完成，采取的是账户紧耦合的方式。同时，DCEP 可以脱离网络实现终端到终端的支付。只要手机有电就可以支付，也可以在有第三方服务商的场景下依托网络完成从终端到远端的支付。

（5）DCEP 具有可控匿名性。银行和商家需要经过客户允许才有权限查看用户的交易记录及信息，这种可控匿名性一方面保护了数据安全和用户隐私，另一方面也使得央行可以清晰高效地捕捉每一笔货币交易的流转信息，打击洗钱、匿名操纵等违法犯罪行为。

2. 我国为什么要发行数字人民币？

答案：我国发行数字人民币的理由有：

（1）减少纸钞发行成本。由于数字货币只是一串数字代码，无论是生产还是流通，都不会再产生任何费用，并且具备较强的防伪功能。

（2）移动支付普及，现金使用频率大幅降低。目前国内绝大多数交易场景，均已实现了移动支付，挤占了传统现金的使用空间。DCEP 与其他移动支付方式相比并无本质不同，有限匿名性是其主要差异化特点。

（3）有利于反洗钱、反恐怖融资监管。传统的现金交易的匿名化，给反洗钱和反恐怖融资监管带来诸多麻烦，而数字货币的唯一标识性，方便监管部门回溯整个资金融通链，以便进行更有效的监控。

（4）维护货币主权和法币地位。国内外一些金融中介机构积极利用区块链技术发行私人数字货币，严重影响了我国主权货币的使用，正在渗透和分流我国现有的金融体系。发行 DCEP 能够在中央银行层面形成统一的基于国家信用的数字货币，既实现了纸币时代国家信用的延续，也顺应了货币数字化的潮流。

（5）优化现行货币支付体系，提升货币政策的有效性。通过发行数字货币，可减少对第三方支付机构所提供支付功能的依赖；同时，使央行可以全程监控货币的流转信息和投放领域，提高货币流通市场监测–统计–评估–政策制定的效率，减少货币政策传导滞后性。

3. 我国数字人民币为什么采用“中央银行–代理投放的商业机构”的双层投放模式？

答案：“中央银行–代理投放的商业机构”的双层投放模式是既适合我国国

情，又能够充分利用现有资源、调动商业银行积极性的选择。

（1）大国发行央行数字货币是一个复杂的系统工程。我国幅员辽阔、人口众多，各地区经济发展、资源禀赋和人口受教育程度差异较大，在设计和投放、流通央行数字货币过程中，要充分考虑系统、制度设计所面临的多样性和复杂性。比如，需要考虑网络覆盖不足的偏远地区的使用问题。如果采用单层投放，将面临上述因素所带来的极大考验。

（2）“双层投放”有利于充分利用商业机构现有资源、人才、技术等优势，通过市场驱动、促进创新、竞争选优。商业银行等机构的 IT 基础设施应用和服务体系已比较成熟，系统的处理能力较强，在金融科技应用等方面已经积累了一定的经验，人才储备较为充分。因此，在商业银行现有的基础设施、人力资源及成熟的应用和服务体系之外，另起炉灶、重复建设，对社会资源是巨大的浪费。

（3）“双层投放”有助于分散化解风险。在以往银行间支付清算系统的开发过程中，央行积累了丰富的经验，但银行间清算支付系统是直接服务金融机构，央行数字货币是直接服务公众，涉及千家万户。如果仅靠央行自身力量进行研发，支撑如此庞大的系统，既要满足安全、高效、稳定的目标，还要满足用户体验需求，很不容易。同时，央行还受制于预算、资源、人员和技术等客观约束，通过两级投放的设计，可避免将风险过度集中。

（4）“双层投放”可以避免“金融脱媒”。“单层投放”下，央行直接对公众投放数字货币，央行数字货币与商业银行存款货币将形成竞争关系。显然，由央行背书的央行数字货币的信用等级高于商业银行存款货币，会对商业银行存款产生挤出效应，可能出现“存款搬家”，进而影响商业银行的贷款投放能力。此外，商业银行吸纳存款能力降低会增加其对同业市场的依赖，抬高资金价格，增加社会融资成本，损害实体经济，引发“金融脱媒”。为保持其放贷能力和金融稳定，央行将不得不对商业银行进行补贴。极端情况下，还会颠覆现有金融体系，出现央行包打天下的“大一统”局面。

4. 从基础货币结构和货币乘数两个角度，谈谈数字人民币发行对货币创造机制的影响。

答案：DCEP 的投放，类似于纸币的投放，采用“央行-商业银行”双层运营体系，即由央行向商业银行投放，商业银行再向社会公众投放。央行不直接面向公众和企业，不参与商业银行之间的竞争。DCEP 采用双层运营体系，意味着 DCEP 下的货币体系符合传统的信用货币创造机制。货币创造主体依然是银行和实体部门，央行只是起到调控作用。此外，DCEP 投放模式和传统基础货币的投放，对现金、法定准备金和超额准备金而言没有本质区别。DCEP 延续传统货币创造机制的同时，或在基础货币和货币乘数两个方面对其产生影响：

（1）DCEP 将重构基础货币结构

① 央行或将开设新的细分科目记录央行数字货币。传统模式下央行基础货币结构分为两部分，一是货币发行，即央行印制的现钞；二是金融机构在央行的存款准备金。在第三方支付机构缴存备付金后，央行将基础货币开设一个分项，即非金融机构存款。央行数字货币作为 M0，既可以作为现金使用，也可作为存款准备金或者第三方支付机构缴存的备付金。按其支付用途推测，未来央行基础货币科目或将开设新的细分项来专门记录 DCEP，例如在 M0、存款准备金、非金融机构存款科目下分别再设置 DCEP 子科目。

② 或将对货币流通模式产生一定影响。首先，对于银行间市场而言，DCEP 的支付便利性意味着金融机构同业结算选择使用传统支付方式的倾向下降，而使用 DCEP 进行同业清算/结算的倾向提高。其次，对于企业和零售业务而言，由于 DCEP 保存便利的特性，大量 DCEP 将以现金的形式保存在企业和个人手中，因此流通中现金将增加，而商业银行存款、第三方支付机构结存资金将减少。

（2）DCEP 将从正反两方面影响货币乘数

① 银行持有超额准备金的动机下降，导致货币乘数提高。由于 DCEP 支付便利、清算速度快，减少了在途资金量，用 DCEP 进行清算可以降低对清算账户资金的依赖，从而导致货币乘数提高。

② 现金漏损率增大，导致货币乘数降低。现金漏损指客户从银行提取现金，从而使一部分现金流出银行系统，现金漏损与存款总额之比称为现金漏损率。出现现金漏损会减弱银行创造派生存款的能力。DCEP 便于保存的特性或将提高企业和个人持有现金的可能性，从而提高现金漏损率，导致货币乘数减小。

DCEP 大规模推广后，货币乘数到底是提高还是下降取决于上述两种力量的对比。

5. 数字人民币对货币政策的潜在影响有哪些？

答案：数字人民币对货币政策的潜在影响有：

（1）DCEP 可以提供新型价格工具。理论上商业银行无需对用户持有的 DCEP 付息，但若央行对用户持有的 DCEP 计息，则 DCEP 利率可作为新型价格工具，特别是若央行对 DCEP 计负息，甚至可用来打破零利率下限。

（2）DCEP 有助于提高调控效率。传统的现金体系下货币政策侧重于总量调控，结构性调控功能较为薄弱。而 DCEP 能有效捕捉资金流向。基于 DCEP 这一特征，央行与商业银行之间可达成更具灵活性的资金定价，从而激励银行在信贷结构上回归最优状态。例如，央行可针对不同的银行信贷资金流向，根据其风险情况制定不同的流动性价格，从而规避银行因无法追踪资金流向而产生的风险考核激励问题，提升定向降准、定向降息等政策的可测性和效率。

（3）DCEP 可以降低监管成本。传统监管框架下，央行及其他金融监管部门如果需要获取统计指标、财务报表数据，通常采用现场、非现场检查等方式，成本较高、时效性较弱。尤其是追踪一笔特定资金的具体流向，则必须获取资金流转途径的所有账本。DCEP 全面记录了交易信息，意味着央行 DCEP 系统记录了数字货币权属、交易流水等详细信息，无须再额外获取账本即可了解资金流向，从而大幅降低了监管成本。

6. 数字人民币对商业银行的潜在影响有哪些？

答案：数字人民币对商业银行的潜在影响有：

（1）DCEP 将影响银行活期存款规模、增加吸储成本。DCEP 大规模推广后，企业和个人有可能将银行活期存款兑换成 DCEP，将部分资金沉淀在数字钱包中。换言之，有可能是 DCEP 对活期存款形成替代，而非仅对现金形成替代。由于 DCEP 是央行的负债，而非银行负债，DCEP 的推广可能导致银行活期存款“脱媒”。此外，银行存款与 DCEP 的转换较为便捷，可能导致存款的稳定性降低。银行为了稳定活期存款来源，负债端存款利率或将上行。

（2）DCEP 将影响支付结算业务规模。若未来 DCEP 仅替代小额零售支付，则商业银行大额支付清算结算规模不会受到太大影响。然而根据目前人民银行数字货币研究所公布的信息，央行数字货币也可应用于大额支付清算场景。因此，DCEP 的推广将在一定程度上降低商业银行支付结算业务规模。

（3）DCEP 数字钱包将提高客户黏性。在双层运营体系下，DCEP 数字钱包的推广，将提高银行客户使用银行 APP 的频率，从而提高客户黏性。同时，银行可以通过建立开放平台，聚集合作伙伴，让最终用户可以通过不同介质、渠道，在日常的生活和消费中使用数字钱包的服务。商业银行可以抓住该机会获得活跃流量，增加客户数量，发展开放银行服务。

（4）DCEP 将有助于提升银行运营效率。数字货币减少了纸质货币的流通成本，提高了银行的运营效率。一方面，DCEP 作为电子化交易手段，将大幅降低商业银行的现金管理成本；另一方面，DCEP 作为电子化贮藏手段，将大幅降低商业银行在现金整点调运以及保管环节的人力、物力支出和安保要求。

十五、美联储修改货币政策框架(◆◆◆)

2020年8月27日，美联储公开市场委员会修改了其货币政策框架文件《长期目标和货币政策策略声明》。最新的货币政策框架仍然延续“充分就业”和“物价稳定”的双重使命，并未脱离泰勒规则的核心逻辑，但对通胀和就业目标均做出了重大调整：

通胀方面，由单期目标转为跨期目标。美联储将通胀目标转变为“平均通胀目标制”，即美联储将寻求实现长期平均2%的通胀水平，在通胀水平低于2%的时期过后，适当的货币政策可能会在一段时间内致力于实现适度高于2%的通胀，以避免通胀持续低迷引发长期通胀预期下降。

就业方面，由对称目标转变为单向目标。美联储对就业缺口的评估由“就业人数对最高水平的偏离”变为“就业人数对最高水平的不足”。新框架下，美联储将最大限度地促进就业，允许劳动力市场过热，强调就业目标的广泛性和包容性，关注劳动力市场发展不平等的结构性问题。

美联储此次货币政策框架调整，具有三个重要特征：货币政策目标向就业倾斜，货币政策的灵活性增强，强调金融稳定的重要性。

【问题】

1. 货币政策的最终目标有哪些？相互之间的关系是怎样的？美联储为何要在此时修改货币政策目标？

答案：(1) 货币政策最终目标是指货币政策的制定者所期望达到的、货币政策的最终实施结果，是中央银行制定和执行货币政策的依据。货币政策最终目标，一般有四个：稳定物价、充分就业、促进经济增长和平衡国际收支等。

(2) 货币政策之间的关系较复杂，有的一定程度上具有一致性，如充分就业与经济增长；有的相对独立，如充分就业与国际收支平衡；更多表现为目标间的冲突性，各目标之间的矛盾表现为：

① 物价稳定与充分就业存在矛盾。菲利普斯曲线表明，两者之间存在一种此高彼低的交替关系。当失业过多时，货币政策要实现充分就业的目标，就需要扩张信用和增加货币供应量，以刺激投资需求和消费需求，扩大生产规模，增加就业人数；同时由于需求的大幅增加，会带来一定程度的物价上升。反之，如果货币政策要实现物价稳定，又会带来就业人数的减少。

② 物价稳定与经济增长也存在矛盾。要刺激经济增长，就应促进信贷和货币发行的扩张，结果会带来物价上涨；为了防止通货膨胀，就要采取信用收缩的措施，这又会对经济增长产生不利的影响。

③ 物价稳定与国际收支平衡存在矛盾。若其他国家发生通货膨胀，本国物价稳定，则会造成本国输出增加、输入减少，国际收支发生顺差；反之，则出现逆差，使国际收支恶化。

④ 经济增长与国际收支平衡的矛盾。经济增长大多伴随着物价上涨，而过分强调物价稳定又会阻碍经济发展。随着经济增长，对进口商品的需求通常也会增加，结果会出现贸易逆差；反之，为消除逆差，平衡国际收支，需要紧缩信用，减少货币供给，从而导致经济增长速度放慢。

(3) 美联储一直以来采用的是双重目标制，其政策目标有两个：促进就业和稳定物价。新框架下，美联储放松了长期以来对通胀率上限的严格控制，将改善劳动力市场与就业水平的优先级提高。双重使命中，通胀目标权重下降、就业目标权重上升。此时，美联储修改货币政策目标，其原因有：

① 由于人口老龄化和劳动生产率的下行，经济的长期潜在增长率不断下行。

② 自然利率(或中性利率)持续下行。与此同时，即使处于常态，联邦基金利率也贴近利率走廊的下限运行，下调利率以应对负面冲击的政策空间大幅压缩。

③ 疫情暴发之前，美国劳动市场状况持续改善，失业率创半个世纪以来的新低，劳动参与率止跌反弹，劳动市场的歧视现象明显好转，中低工资劳动者的工资涨幅高于平均水平。但疫情暴发后，低收入群体的失业问题加剧，社会不满情绪进一步发酵，唯有通过增加就业、促进经济增长才能弥合社会分化的裂痕。

④ 工资上涨并未传导到物价，菲利普斯曲线由向下倾斜转变为水平状，后者已经成为新货币政策框架的重要经验依据。

2. 什么是通货膨胀目标制？平均通胀目标制与传统的通胀目标制有什么区别？

答案：(1) 通货膨胀目标制的基本含义是：货币当局明确以物价稳定为首要目标，并将当局在未来一段时间所要达到的目标通货膨胀率向外界公布，同时，通过一定的预测方法对目标期的通货膨胀率进行预测得到目标期通货膨胀率的预测值，然后根据预测结果和目标通货膨胀率之间的差距来决定货币政策的调整和操作，使得实际通货膨胀率接近目标通货膨胀率。如果预测结果高于目标通货膨胀率，则采取紧缩性货币政策；如果预测结果低于目标通货膨胀率，则采取扩张性货币政策；如果预测结果接近于目标通货膨胀率，则保持货币政策不变。

(2) 平均通胀目标制是以一段时期内的平均物价水平作为货币政策决策

的指标，是通胀目标制对全球经济低增长、低通胀和低利率的适应性调整，一定程度上代表货币政策的目标从防通胀向促就业倾斜。平均通胀目标制采用盯住平均物价水平的方式进行物价弥补或跨期调整，将通胀跨期平稳视为货币政策的基本目标，其核心的政策逻辑是考虑过往、削峰填谷和跨期超调，政策工具以利率和非常政策常规化作为基础，并更多以相机抉择作为实施策略。

平均通胀目标制与传统的通胀目标制的区别如下：

① 平均通胀目标制与传统通胀目标制相比，它将使美联储既考虑未来，也考虑过去。在采用传统的通胀目标制下，自 2012 年开始，美联储使用以 2%为参照的通胀预测，以及失业率和其他经济指标，来帮助决定是提高还是降低短期利率。在此框架下，美联储的目标是在未来实现 2%的通货膨胀，而不补偿通胀高于或低于 2%的时期，这就是所谓的“既往不咎”。例如，它承诺将把通胀目标定在 2%以上一段时间，以补偿通胀低于 2%的时期。因此，变成了“既往需咎”。

② 政策目标从防控通胀转向就业促进，更加注重就业市场的修复和充分就业目标的实现。

③ 物价稳定目标从前瞻性转向前瞻性与后顾性并重，注重通胀目标的跨期调整至平均通胀目标，甚至包容物价“超调”。

④ 注重物价指标的权变性，甚至可能以物价总指数作为平均通胀目标的基础。通胀应“从更综合、更丰富的角度度量”，同时，泰勒规则已无法再适用于平均通胀目标制下的政策决策，相机抉择成为基本选择。

⑤ 平均通胀目标制以利率和非传统货币政策举措作为核心工具，尤其注重央行资产负债表操作，将量化宽松、前瞻指引及扭转操作相互结合，以实现复胀甚至物价“超调”，同时实现充分就业目标。

3. 什么是泰勒规则？美联储实施新的货币政策框架对泰勒规则有什么影响？

答案：（1）泰勒规则，由斯坦福大学的约翰·泰勒于 1993 年根据美国货币政策的实际经验而确定的一种短期利率调整的规则。泰勒认为，保持实际短期利率稳定和中性政策立场，当产出缺口为正（负）和通胀缺口超过（低于）目标值时，应提高（降低）名义利率。其基本公式为：

$$i_0 = r_f + \pi_t + \alpha(\pi_t - \pi^*) + \beta \Delta y_t$$

其中，i_0 为名义利率，r_f 为均衡实际利率（长期内和充分就业相适应的利率），π_t 为 t 期实际通货膨胀率，π^* 为目标通货膨胀率，$(\pi_t - \pi^*)$ 为通货膨胀缺口，

Δy_t 为产出缺口，即实际 GDP 与潜在充分就业水平下的 GDP 估计值的百分率偏差，α 和 β 为管理层分别对通货膨胀、产出调控目标重视程度的权重，且 $0 \leqslant \alpha \leqslant 1$，$0 \leqslant \beta \leqslant 1$。在美国的实践运用中，$\alpha = \beta = 0.5$。

（2）过去的 20 年中，伴随着泰勒规则的反复修正，美联储货币政策双重目标的权重发生了显著变化。美联储在泰勒规则的实际运用中，更加强调增长目标的重要性，特别是就业目标在利率决策中的权重越来越高的新框架下，泰勒规则的应用难度较此前进一步加大。

① 泰勒规则对利率决策的预测能力下降。新框架对通胀回升的警惕性降低，对就业过热的容忍度放宽，加之美联储仍面临着有效下限的制约，导致泰勒规则的变量有所增加，参数变化范围扩大，存在较大的不确定性。这也意味着，从市场角度来看，美联储利率决策的透明度和可预测性有所下降，美联储政策干预的临界点仍然模糊不清。未来美联储可能需要提供更加明确的前瞻性指引，作为新框架下泰勒规则的有效补充，帮助市场预期的稳定和收敛。

② 泰勒规则并未考虑金融稳定因素。鲍威尔的演讲表明美联储已经开始重新审视货币政策和宏观审慎政策的关系，但泰勒规则本身无法实现金融风险的量化和评估。新框架隐含的长期低利率环境，将会助长各经济部类的风险偏好，催生金融市场泡沫，加剧金融体系的失衡。美国政府部门和企业部门的债务问题可能愈发严重，或将成为威胁美国金融稳定的最大隐患，给美联储货币政策的实施效果带来潜在风险。

4. 美联储平均通胀目标制对美国国债收益率可能会产生怎样的影响?

答案：美联储平均通胀目标制对美债收益率的影响有：

（1）短期来看，美国经济出现复苏迹象，实际国债收益率或将企稳回升。平均通胀目标制可能抬高通胀预期，给美债收益率带来一定的上行压力。2020 年新冠肺炎疫情暴发以来，美国的通货膨胀率持续低于 2%。按照平均通胀目标制的要求，美联储在未来一段时间的短期通胀目标将在 2%以上。只要就业市场的景气度不断上升，美联储就没有充足理由针对高于 2%的通货膨胀率加息。这也就意味着，当经济复苏之后，美联储货币宽松可能还会持续较长时间，经济景气时间也将拉长。美联储针对平均通胀目标制修改前瞻性指引，还有很大可能抬高美国的短期通胀预期。从这一角度看，美联储货币政策目标策略的修改将给美国国债收益率带来一定的上升压力。如果美国经济持续复苏，长期利率在复苏和通胀的推动下进一步上升，但短端利率依然保持在零左右，美国国债收益率曲线或将陡峭化。

（2）中长期看，零利率和潜在增速下降会抑制美国国债收益率。根据 FOMC 的测算，美国经济潜在增长率仍在下降，自然利率也在下降。这将制约长期国债收益率的持续回升。美股振荡剧烈，美国金融稳定面临的潜在风险有所显现，不排除出现其他情况阻碍美国经济复苏的可能。平均通胀目标制的实施，可能使得美国在较长时期内不会上调联邦基金利率。短端零利率以及美国政府债务的上升均预示着美国长期国债收益率的上升面临天花板。

第三部分

热点专题

一、科创板(◆◆◆)

科创板，英文是 Sci-Tech innovation board（STAR Market），是独立于现有主板市场的新设板块。科创板是为科技型和创新型中小企业服务的板块，主要是为了让一些科技型、创新型的企业进行挂牌上市。2021 年 7 月 22 日，科创板迎来两周岁生日，已有上市公司 313 家。

【问题】

1. 我国设立科创版的客观原因是什么?

答案：设立科创板的客观原因有：

（1）A 股原有的上市制度限制。由于目前 A 股上市制度为核准制，对于上市公司的财务报表和公司行业都存在一定的要求，一般每个行业的龙头盈利能力强的上市公司才能够通过上市的审核标准。而对于一些新型的初创的科技类公司很难达到核准制的上市标准。但国家又不能够在改变原来上市制度的情况下让这类初创类科技公司上市，这对于其他行业的上市公司存在不公平性，不符合金融市场发展的需求。

（2）经济转型的必然选择。目前中国经济发展由原来的高速发展转变为高质量发展，原来中国经济的发展动力主要来源于传统行业，比如大家熟悉的基建行业，钢铁、煤炭、房地产行业等，这类行业的发展目前逐步趋向于饱和，无法再给经济发展注入新生动力。所以国家政策方向必须导向新型的科技行业中，来支持这类公司后期的发展，但是这类企业又处于初创期，对于资金的需求较大，如何让这类企业上市并能够获得大量的融资，科创板的设立就符合了中国经济发展的需求。在中美贸易关系中，我们发现科技行业明显存在短板，所以致力于让这类企业获得大量的融资，以便后期快速地发展。同时，我们发现科创板上市存在行业的限定，相关行业为“新一代信息技术，高端装备制造和新材料、新能源及节能环保、生物医药、技术服务领域”五大科技领域行业，它们也是目前全球发展潜力最大的行业。

（3）注册制的探索。早在几年前国家管理层就一直在研究探索注册制的实行。在一个成熟的市场上，公司上市发行股份不应该受到国家的干预，公司的良莠等到上市后让市场投资者自行决定，不合格者会因为无人参与买卖而实现退市。但是中国 A 股成立时间较短，各项监管指标和市场投资者素质仍旧不成熟，也反映着 A 股仍旧处于不成熟阶段，后期仍旧需要一段时间来发展和探索，如典型的交易制度“T+1”和涨跌停板限制。目前科创板推出的是注册制的发行制度，对于上市公司财务报表并无实质性要求，只有行业存在一定的限定，在新的上市板块中实行新的发行制度，这也是我国在上市制度中关于注册制度的探索，等待 A 股中的主板、中小板、创业板市场成熟后，后期这类板块国家就可以运行注册制制度来发行股份，毕竟作为一种新的事物，只有在各类制度和项目成熟之后，国家监管层才有充足经验去实行。“摸着石头过河”不太适合目前的 A 股，主要原因是目前 A 股体量太过庞大，一旦与预期相差较大将会对金融市场造成巨大影响。

2. 科创企业在科创板上市有什么优势?

答案：科创企业在科创板上市的优势有：

（1）试点注册制，提升融资便利性。注册制的重点在于监管者对发行人在进行股票发行申请的判断，仅仅是对其申报文件的全面、真实、准确和及时进行形式审查，并不涉及对投资人公司治理结构、发展前景、盈利与否等进行判断。率先试点注册制的科创板，将大幅降低企业上市门槛，便利企业上市，提升企业融资便利性。

（2）局部优化信批规则体系，减轻企业负担。股市交易的核心即在于信息披露，上市企业在上市过程中往往面临着较大的信息披露成本。科技创新企业的特点在于其价值成长性，故而处于发展阶段前期的科创企业选择科创板上市，会面临较小的信息披露成本，有利于降低企业负担。

（3）股权激励规则更灵活，激发公司活力。科创板定位于依靠关键核心技术的科创产业，而此类企业与核心技术、核心技术人员有着较大关系，因此公司的利益表现与核心技术人员有着重度依赖。基于此，科创板现行规则在员工股权激励方面制定了更具包容性的规则。相比于现行 A 股上市企业股权清晰、股东人数以及激励对象出资等方面，科创板有着诸多突破性规定，更有利于将企业的长远利益与公司员工的个人利益绑定起来，激发公司活力。

（4）允许亏损企业发行上市，上市条件更包容。科创板构建了预计市值、收入、净利润、研发投入、现金流等判断企业上市的条件，形成了判断一般企业上市“五套标准”以及红筹企业科创板与特殊股权结构上市标准，更关注企业的经营能力，有利于有前景的暂时亏损的企业发行上市，获得融资。

（5）审核透明高效，上市时间预期可控。通过上海证券交易所发行审核的企业，从上海证券交易所受理其发行上市申请文件到成功注册，历时约 4 到 7 个月。而在主板，从申请被受理到完成上市，平均审核周期需要 15 个月左右。

（6）树立品牌，提升企业声誉。科创板的设立有着明确的战略定位，即符合国家战略，拥有关键核心技术，科技创新能力突出，主要依靠核心技术开展生产经营，具有稳定的商业模式，市场认可度高，社会形象良好，具有较强成长性的企业。

3. **比较股票发行的注册制和核准制。**

答案：注册制，是指证券监管机构公布发行上市的必要条件，企业只要符合所公布的条件即可发行上市。核准制，是指发行人在申请发行股票时，不仅要充分公开企业的真实情况，而且必须符合有关法律和证券监管机构规定的必备条件，证券监管机构有权否决不符合规定条件的股票发行申请。二者的主要区别有以下几点：

（1）依据不同。注册制依据较完善和健全的法律法规，它充分体现了市场经济条件下“无形之手”自我调节的本质特性。核准制则依据证券主管部门的实质性管理，它更体现了行政权力对股票发行的参与，是“国家之手”干预股票发行的具体体现，这种制度在市场经济发育不太完善的情况下较注册制更有利于对广大投资者利益的保护。

（2）面对发行对象情况不同。注册制对市场参与主体的综合素质有较高的要求，如发行人和承销商及其他的中介机构要有较强的行业自律能力；投资者要有一个良好的投资理念；管理层的市场化监管手段比较完善。核准制对以上要求程度较低。

（3）证券监管部门职责不同。注册制发行人申请发行股票时，必须依法将公开的各种资料完全准确地向证券监管机构申报。证券监管机构的职责是对申报文件的全面性、准确性、真实性和及时性做形式审查，而将发行公司股票的良莠留给市场来决定。而在核准制下，证券监管机构除进行注册制所要求的形式审查外，还将对发行人的营业性质、财力、素质、发展前景、发行数量和发行价格等条件进行实质审查，并据此作出发行人是否符合发行条件的价值判断和是否核准申请的决定。

（4）管理原则不同。注册制遵循的是强制性信息公开披露原则，核准制遵循的是实质性管理原则。

（5）适用市场不同。注册制适用于市场发展历史较长、市场法规较健全的国家或地区。而核准制则适用于市场发展历史较短、市场法规尚待进一步完善的国家或地区。

4. 简述科创板企业的特点和估值难点。

答案：（1）科创企业特点

① 产品或服务具有创新性。科创企业在技术、模式、业态等方面具有创新性，面对的是一个崭新的市场。大部分企业成立时间不长，本身市场经营记录较短。

② 收入具有高成长性。科创企业的收入在成长期呈爆发性增长，企业价值非线性变化。特别是互联网企业和生物科技企业，前者成长期收入因网络效应而呈现指数级增长，后者收入因技术商业化落地而呈现阶梯状增长。

③ 经营具有高风险性。科创企业普遍处于技术迭代快、行业变化快的环境，因此企业经营风险很高。一方面表现为波动较大，从研发投入到样品问世，到批量化的市场试销，再到规模化经营，科创企业面对的是一个又一个惊险的市场跳跃，导致企业的盈利、现金流等指标的变化极不稳定。另一方面，企业失败的可能性很高。特别是需要大量前期资金投入的行业，如生物科技和信息技术行业，公司即使是上市后，其在顺利达到商业成功前的失败概率仍然较大。

④ 无形资产占比高。与传统制造业企业以厂房、设备等为主要资产不同，相当一部分科创企业为轻资产企业，无形资产占比高，核心资产往往来自知识产权、品牌等无形资产。

⑤ 研发强度大。研发和品牌营销是科创企业重要的资本性支出。将研发支出作为经营性支出而不是资本性支出处理，会导致企业当期的账面价值、净利润等财务指标无法真实反映企业的经营状态，而这一问题对于成长期的科创企业更为严重。

（2）科创企业估值难点

① 缺乏估值所需参考的市场数据。科创企业面对的是一个崭新的市场，可以参考的市场数据很少，这是估值的一大主要难点。对于绝对估值法来说，需要对未来现金流进行预测，但科创企业只有很短的历史数据，并且面对一个新兴市场，市场容量、成长性等数据缺失，同时技术路线、市场环境等具有高度不确定性，导致现金流预估的难度很大。对于相对估值法来说，由于科创企业所处的新

兴行业细分领域多、商业模式差异大、上市公司少，容易出现无法找到合适的可比公司的情况，从而无法得到合理可靠的估值倍数。

② 常规估值方法不适用或结果失真。科创企业在起步和成长阶段的投入巨大，再加之研发支出费用化的会计处理方式导致其在财务上具备亏损周期长、轻资产等特点，使得常规的市盈率、市净率等倍数估值指标不再适用。另外，早期的研发支出、折旧摊销容易造成科创企业财务指标"失真"，传统估值方法无法真实反映企业价值。

5. **常见的企业估值方法有哪些？结合它们的优缺点谈谈科创板企业估值的方法。**

答案：（1）科创公司估值方法，一般分为相对估值法和绝对估值法两类。相对估值法是一种乘数法，简单易行，一般有市盈率模型、市净率模型、市销率模型等。绝对估值法采用折现的方法，相对复杂，分为现金流折现法和股利折现法，其中现金流折现法应用比较广泛。

① 市盈率模型计算简便，考虑了公司的经营风险和未来收益预期，以及公司、行业的成长，其缺点在于 EPS 受会计报表编制和企业生命周期变化的影响较大，盈利为负的企业无法使用。

② 市净率模型的优点是每股净资产通常为正且相对每股收益更稳定，缺点在于无法准确衡量无形资产的价值，不适用于净资产规模小的企业，不适用于测算公司成长性。

③ 市销率模型的优点是营收收入指标不会为负值，适用范围较广，销售收入相对净利润和净资产精确度更高。市销率模型的缺点在于，不能反映成本的变化，而成本是影响企业现金流量和价值的重要因素之一。

④ 股利贴现模型理论非常完善，模型设定也很简便，在数据精确时模型解释力很强。其缺陷在于，现实中股利和公司的内在价值关联性不确定，部分公司常年不发放股利。

⑤ 现金流贴现模型的优点在于，通过自由现金流量估计避免了股利带来的问题。其缺点在于，现金流和 WACC 的估计都可能会有误差，长期来看贴现率的偏差会对估值造成较大的影响。

（2）估值方法有各自的优缺点，因此也有特定的适用范围。估值方法的选择要结合企业具体类型，主要包括两个维度：一是企业所处的生命周期阶段，二是企业所处的行业特征。

① 不同生命周期公司估值方法。在初创期，科创企业大量投入，业绩波动

频繁且多处于亏损状态，尚未形成清晰的盈利模式，财务指标无法客观反映企业的价值，通常使用用户数、市场空间、市占率、流量等非财务指标衡量企业价值，主要的估值方法为历史交易法、可比交易法。当科创企业进入成熟期，企业的市场地位、盈利能力和经营状况构成了估值体系的核心。成熟期科创企业的产品营收、现金流和利润趋于稳定，已有稳定指标可与同行业进行对比，市盈率估值法成为主流估值方法。除了相对估值法之外，现金流贴现模型也同样适用于成熟期的科创企业。长期稳定分红的科创企业还可适用于股利贴现模型。当企业进入衰退期，收入及利润出现下滑，财务状况恶化，现金流急剧萎缩。此时，企业的清算价值或账面价值是较为可靠的估值方法。

② 估值方法的选择除了要考虑企业所处生命周期阶段，也需要结合所处行业的特征。如公司拥有大量固定资产且账面价值相对稳定，则适合用 P/B 对公司进行估值。相应的，资产相对较轻的行业就更适合用 P/E 估值方法。按行业周期性来看，强周期行业由于盈利、现金流在周期不同阶段极不稳定，不适合使用 P/E、DCF 等估值方法，而应采用波动较小的 P/B 指标；弱周期行业对于大部分估值方法都比较适用。

6. 2020 年 6 月 18 日，证监会主席易会满在第十二届陆家嘴论坛上发表讲话，提出在科创板引入做市商制度。什么是做市商制度？做市商制度有什么作用？A 股为什么在科创板引入做市商制度？

答案：（1）做市商制度是金融市场中的一种交易制度，它的模式是让具备一定实力和信誉的法人充当做市商，然后在过程中不断向市场提供买卖价格，从而让市场具备交易性和流动性。这样的交易方式不必等到交易对手出现，同时还能通过买卖差价实现一定的利润。

（2）做市商制度一般对于流动性比较低、规模小、风险高的公司比较友好，这个制度一般能在交易过程中起到以下作用。

① 提高市场流动性，增强其市场吸引力。一方面做市商在二级市场上连续双向报价，投资者可按做市商的报价立即进行交易，而不用等待交易对手的买卖指令，这对交易量小、交易不活跃的证券和对大额指令的处理方面有着重要的意义。另一方面对于较冷门的交易做市商可以用自己的资金介入股票的买卖，组织市场活动，增加报价的吸引力，并进行人为的买进和卖出以造市，有助于活跃证券市场。

② 稳定市场，让市场不出现大幅度的波动。毕竟做市商的报价不随供求关系在短期内随意波动，受证券交易市场规则约束，有一个报价上限，这样股票价

格的波幅就可以限定在一定范围以内；同时，做市商能较好及时地处理大额指令，减缓它对价格的冲击。

③ 抑制价格操纵，校正市场不平衡。当买卖盘不均衡时，做市商可以平抑价格波动缓解供求矛盾。尤其是当有人操纵股价时，做市商可以卖出手上的筹码，让市场操纵者自食恶果。

（3）在科创板引入做市商制度也是对症下药的一种表现。毕竟科创板的流动性在 A 股市场中是相对较差的，因为科创板在投资者准入方面设置有 50 万元的资产门槛，这在整个 A 股市场中是最高的，如创业板的资金门槛设置是 10 万元，沪深主板没有资金门槛的限制。也正是这个较高的门槛设置限制了科创板的流动性，以至于科创板尽管开设的时间只有两年，一些个股上市的时间只有一年多时间，但其日成交金额已经萎缩到了千万元以下。因此，在科创板引入做市商制度也是有的放矢。实际上，做市商制度也只有在科创板获得成功，才能更好地引入到整个 A 股市场。

二、负利率政策(◆◆◆)

2008 年金融危机以后，先后有六个国家和地区实施负利率政策。丹麦最早从 2012 年 7 月开始实行负利率政策，将七天存款利率下调至-0. 2%，该利率只在 2014 年 5—8 月出现短暂的利率转正；欧洲央行从 2014 年 6 月开始，下调隔夜存款利率至-0. 1%；瑞士从 2014 年 12 月开始，将瑞士法郎 3 月期同业拆借利率下调至-0. 06%；日本央行从 2016 年 1 月开始对新增超额准备金利率实行负利率；匈牙利央行从 2016 年 3 开始下调隔夜存款利率至-0. 05%。2019 年以来，全球经济继续探底，贸易摩擦和地缘政治带来的不确定性使得经济增长前景更加黯淡，30 多个国家先后实施降息，不排除负利率政策会进一步扩散。

【问题】

1. 什么是负利率政策？其出现的背景什么？其理论依据是什么？

答案：（1）负利率政策中的负利率是指名义利率为负。负利率存款政策本质上是一种非常规的扩张性货币政策工具。央行既可以将名义目标利率设定为负值，突破“零利率下限”，也可以通过设定金融机构存放在央行的超额准备金率设定为负值，以促使金融机构更多地将资金用于放贷或投资，增加市场上的流动性供给，降低市场利率。

（2）自 2008 年以来，受全球金融危机及接踵而至的欧债危机影响，市场利率逼近零下限，经济陷入流动性陷阱，实体经济投资下滑，通货紧缩成为常态，世界经济增长乏力。常规货币政策无力使经济回归正轨，为了摆脱经济困境，刺激经济复苏，各央行纷纷采用一系列非常规货币政策，其中丹麦、瑞士、瑞典、日本和匈牙利的央行及欧洲央行先后采取了负利率政策。负利率政策是央行在常规货币政策效果欠佳的情况下，为进一步刺激经济、扭转经济停滞不前局面的无奈之举。

(3) 负利率政策的理论依据是维克塞尔的自然利率理论。维克塞尔认为，资本供给与需求相等即储蓄与投资相等时的利率是自然利率。也就是说，自然利率是对物价完全保持中立，即不使物价下落，也不使物价上涨的利率。与之相对应的是货币利率(也就是政策利率)。只有当货币利率与自然利率保持一致，产出才能稳定。若央行设定的政策利率低于自然利率，企业资金成本降低投资增加，居民储蓄降低消费上升，会导致总产出高于潜在产出水平。

2. 各国实行负利率政策的动机是什么？负利率政策的主要经济影响有哪些？对我国可能会产生什么影响？

答案：(1) 从政策目标来看，各国实行负利率存款政策主要有两大动机：缓解货币升值压力和刺激经济增长。首先，以丹麦和瑞士为代表，实行负利率存款政策主要出于汇率目标考虑。由于丹麦和瑞士并未加入欧元区，欧债危机导致这两国的货币需求上升。为了维持币值稳定，丹麦和瑞士实行负利率存款政策。其次，以欧元区和日本为代表，实行负利率存款政策主要出于经济目标考虑。欧元区和日本面临着通货紧缩和经济低迷的压力，而市场利率逼近零利率水平使得常规货币政策空间受限。由于经济低迷，商业银行将大量资金存放在中央银行作为超额准备金。为了促使商业银行增加放贷，欧央行和日本央行先后将超额准备金率降至零以下，以刺激通货膨胀和提振经济增长。

(2) 负利率政策的影响主要体现在宏观经济和金融市场两个层面：

① 宏观经济层面。一是有利于刺激短期经济增长。央行通过压低政策利率水平和增加货币持有成本，有利于降低市场主体融资成本，从而带来市场总需求扩张。二是推升债务规模。负利率政策长时间持续会使债务规模快速膨胀和杠杆率攀升，负利率使得政府更容易通过再融资填补财政赤字。三是引发经济悲观预期。实施负利率政策后，长端债券利率的下降幅度较短端债券利率更大，带动收益率曲线变平，部分时点甚至出现收益率倒挂，投资者预期经济衰退迹象即将出现。

② 金融市场层面。一是助推资产价格泡沫。实施负利率政策后，金融市场流动性更加宽裕，实体经济短期受制于生产要素困局未能出现新的增长点，因而

投资者会增配风险资产，推升风险资产价格。二是银行盈利能力受到冲击。一方面，在负利率环境下，负政策利率对银行存款利率传导并不彻底，存款利率未能有效突破零下限，存贷款利差缩小，银行业利润下降。另一方面，负利率使收益率曲线扁平化压缩了银行的期限溢价，进而使银行盈利能力下滑。三是长期机构投资者的发展面临压力。年金管理机构、人寿保险机构等长期机构投资者，由于资金来源多为长期资金，为降低期限错配风险，对长期国债等固定收益类资产的需求具有刚性。但负利率推动长期资产的收益率下滑，压缩长期机构投资者的获利空间。长期利率的过度下降还会引起公众对保险和养老金产品收益率的担忧，损害投资者的信心，影响长期机构投资者的长远发展。

（3）以负利率为代表的新一轮宽松货币政策，很可能引发类似量化宽松政策的外溢效应，给我国带来风险挑战的同时也带来了一定的发展机遇。主要影响有如下几个方面：

① 跨境资本流动风险上升。受中外利差持续加大的影响，跨境资本套利交易动力增强，资金套利流入流出给人民币汇率管理和国内金融市场稳定带来压力。热钱流入会导致金融市场虚假繁荣，人民币汇率高估，加剧了资金脱实向虚和出口企业经营困难，一旦后期热钱流出则容易导致挤兑和逼仓，将影响整个金融市场的稳定。

② 企业境外融资风险堆积。随着全球主要市场债务融资成本显著回落，国内发行人大量在境外发债融资，甚至超过实际需求过度融资。一旦未来利率水平出现明显回升，企业借新还旧等操作难度加大，将面临大量债务无法偿还的风险。

③ 房地产泡沫化风险加大。受全球流动性宽松影响，存在资金大量流入房地产市场再现楼市价格上涨的风险。当前房企聚集海外发债融资，全国的土地市场有所升温，恐重现2015年的“抢地潮”。

④ 我国经济发展迎来新机遇。负利率政策背景下，我国经济和资产对全球资金的吸引力稳步提升。如果能够做到有效风险管控，外资的流入能为企业发展提供低成本资金，助力经济转型升级。

3. 美联储为什么至今没有采取负利率政策？

答案：美联储至今没有采用负利率政策，主要原因有：

（1）负利率工具副作用较大。鉴于美国经济依赖于金融市场尤其是货币市场融资，且美元作为全球储备货币的地位，美联储采用负利率将对美国乃至全球金融稳定造成较大不确定性，而刺激效果和好处却不明晰，因而对美国乃至全球而言，负利率是“弊大于利”。

（2）在拥有资产购买、前瞻指引、收益率曲线控制等政策手段、工具相对丰富，且美国疫情逐步回落、经济复苏正重回正轨的背景下，负利率工具的必要性也显著下降。

4. 2020 年 11 月 18 日，我国财政部发行了 40 亿欧元的主权债券。其中 5 年期 7. 5 亿欧元发行收益率为-0. 152%，首次发行负利率主权债券。值得注意的是，此次债券发行得到了国际投资者的踊跃认购，订单规模达到发行量的 4. 5 倍，欧洲投资者最终投资比例高达 72%。债券收益率为负，为什么还有投资者认购？我国负利率债券受到追捧的原因是什么？

答案：（1）对于投资者来说，当储蓄利率、贷款利率均为负的情况下，虽然债券的收益率也为负数，但却是一个不错的选择。这是因为一方面如果利率继续下行，根据定价理论，未来债券价格将会上升；另一方面，政府为释放流动性以及降低长期利率，还将持续实施债券回购，使得债券价格上升。在两方面因素作用下，可以使得投资者获得正收益，因此才会使得投资者积极购买负利率债券。

（2）国际投资者对此次发行的中国主权债券展现出极大的热情，其原因有：

① 中国主权债券能够给国际投资者带来更高的收益率。中国发行的 7. 5 亿欧元 5 年期债券为投资者提供的实际利率为-0. 15%，比基准的中间掉期利率-0. 45%高出 2 倍，比 5 年期德国国债收益率高出约 5 倍。这意味着，其他资产的回报率更低，而中国主权债券的发行，使国际投资者能够获得更高的收益率。

② 投资者预期未来利率将进一步下行，未来债券价格将会上升。一方面，欧洲经济增长乏力，投资者对未来经济发展持悲观预期，并且预期未来欧元区利率将进一步下行。另一方面，政府为促进经济增长还将进一步实施量化宽松，使得货币供应量上升，从而降低欧元币值。此外，欧洲疫情还远未结束，政府为弥补财政支出还将进一步发债，发行利率有可能进一步降低。而伴随着量化宽松的大规模实施，债券价格将进一步上升。

③ 通货膨胀率也将成为投资者接受负利率的一个重要因素。自 2010 年以来，欧洲各国普遍维持较低甚至为负的通货膨胀率。在通货紧缩的情况下，虽然债券的收益率为负，但是相比之下依旧能够起到一定的保值作用。

三、中美贸易战（◆◆◆）

2018 年 3 月 23 日，特朗普以美国对华巨额贸易逆差为由，悍然对我国发动贸易战。时至 2021 年底，贸易战仍在继续。

【问题】

1. 影响汇率的因素有哪些？美国对华产品加征关税对人民币汇率会产生怎样的影响？

答案：（1）影响汇率的因素有：

① 国际收支。国际收支是影响一国汇率变动的根本性因素。国际收支顺差，本币升值；国际收支逆差，则本币贬值。

② 通货膨胀率。任何一个国家都有通货膨胀，如果本国通货膨胀率相对于外国高，则本国货币对外贬值，外汇汇率上升。

③ 利率。利率水平对于外汇汇率的影响是通过不同国家的利率水平的不同，促使短期资金流动导致外汇需求变动。

④ 经济增长率。如果一国为高经济增长率，则该国货币汇率高。

⑤ 财政赤字。如果一国的财政预算出现巨额赤字，则其货币汇率将下降。

⑥ 外汇储备。如果一国外汇储备高，则该国货币汇率将升高。

⑦ 投资者的心理预期。投资者的心理预期在国际金融市场上表现得尤为突出。

（2）美国对华商品加征关税将通过各个渠道对人民币汇率产生重大影响。

① 贸易渠道。2018 年上半年我国经常项目出现了近 17 年来罕见的逆差现象，经常账户逆差若成为常态，人民币汇率下行压力将难以缓解。

② 投资渠道。贸易战的升级将导致在中国市场生产、加工，再出口到美国的产业逐步向周边国家转移，带来资本项目下的外资流出，在长期对人民币汇率形成下行压力。

③ 金融渠道。美元指数走强，美国经济基本面向好，中美两国货币政策分化等一系列因素也对人民币汇率形成了一定程度的影响。但如果人民币汇率长期缺乏弹性，将难以发挥杠杆调节的作用，造成我国国际收支结构不合理、对外投资收益率为负、外汇储备流失严重等困境持续存在。

2. 美国对华贸易逆差的根源是什么？

答案：中美贸易严重失衡是特朗普挑起贸易战的直接原因，美方要求中国降低美对华贸易赤字 1000 亿美元，进一步开放市场。但是，美国逆差问题不是中美贸易所特有的，目前美国对全球贸易普遍存在逆差。美国贸易逆差的根源在于：

① 美元的“特里芬难题”是导致美国贸易逆差的内在原因。如果美国不放弃

美元国际货币功能，仅仅依靠削减从其他国家的进口规模和本国的再工业化战略，美国贸易平衡问题仍然难以从根本上得到化解。

② 美国的贸易赤字与其自身“制造业空心化”密切相关。目前造成中国对美国商品贸易巨大顺差的根源之一在于：中国还处于工业化时期，而美国已经进入后工业化时期。美国经济逐渐向金融和服务业为主转型，制造业岗位不断向海外转移，而美国本土只保留研发与设计等价值链上游产业。

③ 美国贸易逆差是国民低储蓄文化、高消费习惯长期累积的必然结果。美国的消费意愿始终大于储蓄意愿，在世界范围内的贸易赤字已成为常态；而中国的储蓄率常年处于高水平，进一步拉大了两国贸易差额。

④ 全球价值链和产业链的垂直分工和横向转移加大了中国对美国贸易顺差。美国对华逆差实质上反映的是对出口产品整个价值链和产业链相关的所有国家和地区的逆差。

⑤ 现行国际贸易统计制度和中美两国在统计方式上的差异在一定程度上夸大了中国对美贸易顺差。

⑥ 美国对中国实行高新技术产品出口限制也扩大了美国对华贸易逆差。这是长期存在的问题，由全球价值链上两国的分工格局决定，只要分工格局不变，则贸易不平衡的局面不会改变，无法通过单纯的贸易政策调整消除。

3. 根据四部门国民收入核算，试述美国“双赤字”形成的原因及其对中国的影响。

答案：(1) 根据国民收入恒等式，GDP 的支出形式为：$GDP=C+I+G+(X-M)$，其中：C 为消费，I 为投资，G 为政府购买，$(X-M)$ 为净出口。GDP 的收入形式为：$GDP=C+S+T$，S 为储蓄，T 为税收。两式联立可得：$S-I=(G-T)+(X-M)$。美国是一个储蓄率低的国家，等式左边是负。财政赤字再加上经常项目赤字，美国经济形成了“双赤字”现象。其形成原因有：

① 经济危机让美国的经济一度衰退，导致国民收入这一税收基数增长缓慢。在支出这一方，美国政府财政压力空前之大。美国政府不得不为无业大军的福利保障买单，同时，巨额的军事支出，以及庞大的社会福利支出(包括社会保障、医疗保险、公共医疗补助等)，大量的外债产生的净国债利息等，使得美国的财政支出大大增加，造成了严重的财政赤字。

② 从国际贸易角度来看，美国的商品相对于其他国家的商品成本居高不下，价格就比较高，出口就相对较小。此外，美国是一个石油进口量巨大的国家，石油价格上升，使得美国的进口成本增加，直接导致了逆差的扩大。

③ 贸易赤字也是弥补国内财政赤字的重要手段，贸易逆差一方面是国外资源的流入，另一方面是美元的流出，作为贸易盈余方的其他国家大量购买美国政府债券，为美国财政赤字的减少做出了“隐性贡献”。

(2) 美国“双赤字”对中国的影响有：

① 负面影响：

美国为了解决“双赤字”，实行的美元贬值，实质上就是让中国这样的贸易伙伴为美国人的高消费买单，会直接给汇率稳定造成冲击，中国面临极大的升值压力。人民币升值，会直接从贸易往来中打压中国产品。美国为了解决“双赤字”，寻找各种借口设置贸易壁垒，贸易摩擦和贸易战频发，使得出口减少、国内就业形势不容乐观。

② 正面影响：

人民币适当升值也有利于我国的产业结构调整，帮助我国淘汰一些落后的生产方式，实现产业结构优化。人民币升值，出口商品的外币价格上升，本币价格下降，低劳动力成本的商品竞争力减小，迫使一些商品生产者把贸易方向转向国内，辅之以政府刺激的内需计划，对于改善国民生活是有利的。同时更多的厂商会选择改进生产技术，改善经营管理，提高劳动生产率，或者转向其他较好的行业。劳动密集型产业调整后，富余的劳动力被引导到服务业等其他行业，使产业结构趋于科学的平衡结构。

4. 在过去的20多年里，美国经常账户出现了持续的逆差，但是从美国对外净资产的变动来看，美国巨额的经常账户逆差并没有导致同等程度的对外净资产的下降，甚至在某些年份经常账户逆差的扩大还对应着国外净资产的增加。请回答以下问题：

(1) 为何美国的经常账户逆差没有带来同等程度的对外净资产的下降？

(2) 一些经济学家并不担心美国的贸易逆差。如 Cooper(2001)甚至认为：“事实上贸易逆差体现了世界其他国家对美国的信心，或者至少体现了对美国资产求偿权的信心”，请解释为什么美国的贸易逆差体现了“世界其他国家对美国的信心”？

(3) 2018年3月2日，特朗普在其推特上表示：“当美国与其他国家的贸易造成上万亿亏损时，贸易战是合适的。如果我们与一个国家贸易往来亏损1000亿美元，不与他们再进行贸易往来，我们就赢了，就这么简单。”导致美国巨额贸易逆差的根源是什么？你认为贸易战可以解决美国的贸易逆差吗？为什么？

答案： (1) 贸易顺差国为保持GDP增长和防范国际金融风险在不断增加外

汇储备，而美元具有国际储备货币的特殊地位和较为稳定的投资收益率，因此贸易顺差国的大量美元外汇储备为保值和增值，重新投资到美国，购买美国国债。美国不仅从贸易逆差中改善了贸易条件，而且获得了资本支持，这些为美国经济注入了活力，巨额贸易逆差非但没有“吃亏”，而是为美国获取了巨额经济利益。

（2）① 美元的国际货币地位形成了一种自然垄断。这种地位使美国的银行及非银行金融机构能够规避大量的货币风险，并使得政府在采取货币政策时可以不考虑汇率的因素，将焦点集中在国内经济目标上。同时，美元还是世界上大多数国家的外汇储备，因此如果逆差的持续扩大导致美元大幅贬值时，其他国家也会动用手上的外汇储备来干预美元的下跌，以维持本国商品在国际市场上的竞争力。

② 美国不仅具有强势美元优势，也具有资本市场优势，所以它可以从“外围国”吸收短期资本，同时输出长期资本(对外直接投资)。第一，美国固定收入投资的风险比新兴市场经济小。第二，股票收益比其他发达国家更高也更可靠。第三，美国资本、债券市场比其他国家更具流动性、更透明，并对投资者权利提供更大的保护。

（3）贸易保护政策不是解决贸易逆差的有效途径，美国只有正确认识逆差产生的根本原因，才能对症下药。造成美国贸易逆差的根本原因还在于其自身。一是美国国内工业发展出现空洞化，大量制造业向新兴市场国家转移，特别是相比于服务贸易、技术贸易比重的增加，制造业在美国产业结构中的地位相对萎缩。二是美国长期奉行财政赤字政策，根据世界银行数据，美国的消费率高达80%以上，是主要西方国家中最高的。

四、我国结构性货币政策工具(◆◆◆)

自2008年第三季度以来，为应对全球金融危机对我国经济的冲击以及后危机时期的结构性调整，我国进行了一系列货币政策创新，丰富并优化了货币政策工具箱，包括短期流动性调节工具(SLO)、常备借贷便利(SLF)、抵押补充贷款(PSL)、中期借贷便利(MLF)等新型货币政策工具等。

SLO是中国人民银行在2013年初创设的政策工具，作为公开市场常规操作的必要补充，在银行体系流动性出现临时性波动时相机使用。SLO以7天期内短期逆回购为主，遇节假日可适当延长操作期限，采用市场化利率招标方式开展操作。

SLF是中国人民银行在2013年初创设的中央银行借贷便利类工具。它是中国人民银行正常的流动性供给渠道，主要功能是满足金融机构短期的大额流动性需求。对象主要为政策性银行和全国性商业银行。期限为1—3个月。利率水平根据货币政策调控、引导市场利率的需要等综合确定。常备借贷便利以抵押方式发放，合格抵押品包括高信用评级的债券类资产及优质信贷资产等。

PSL是中国人民银行在2014年4月创设的新型货币政策工具。PSL的主要功能是支持国民经济重点领域、薄弱环节和社会事业发展而对金融机构提供的期限较长的大额融资。抵押补充贷款采取质押方式发放，合格抵押品包括高等级债券资产和优质信贷资产。

MLF于2014年9月由中国人民银行创设，是央行提供中期基础货币的货币政策工具，对象为符合宏观审慎管理要求的商业银行、政策性银行，采取质押方式发放，并需提供国债、央行票据、政策性金融债、高等级信用债等优质债券作为合格质押品。MLF起到了补充流动性缺口的作用，有利于保持中性适度的流动性水平。

【问题】

1. 请阐述货币政策三大法宝的优点和缺点。结合我国货币实践，请你谈一谈中国人民银行货币政策操作的特点和存在的困难。

答案：(1) 三大货币政策的优点和缺点：

① 法定存款准备金率政策是通过改变货币乘数来影响货币供给。它具有的优点：作用力大，主动性强，见效快。其局限性在于：不宜作为央行调控货币供给的日常性工具，具有固定化的倾向；法定准备金率的设定一般对各类存款机构都一样，但调整时对他们的冲击却不同，不易把握货币政策的操作力度与效果；调整法定准备金率会增加银行流动性风险和管理的难度，当其不付息时，还会降低银行的盈利，削弱其在金融领域的竞争力。

② 再贴现政策的优点：能够产生告示效应，调节信用规模有效。其局限性在于：主动权并非只在中央银行，市场的变化可能违背政策意愿；再贴现的调节作用是有限度的；可能容易引起市场利率的大幅波动，干扰市场机制；加大金融机构的道德风险。

③ 公开市场业务的优越性：主动性强；灵活性强；调控效果和缓，对市场的冲击和震动小；可带有试错性质，可反向操作；告示效应强，影响范围广。其局限性在于：央行必须具有足以干预金融市场的实力；具有发达和完善的(金融)市场体系；必须有其他政策工具的配合。

(2) 我国货币政策操作的特点：①频繁使用法定存款准备金政策。②发行央行票据进行公开市场操作。③对数量工具的依赖大，对价格工具的依赖小。

(3) 存在的困难：①国际收支盈余下，越来越难以控制货币供给。②面临

“三角不可能定理”的约束。在资本流动管理难度增加的背景下，数量管理难度增加。③法定存款准备金率的不断提高，加速了金融脱媒，货币调控效果减弱。

2. 我国新型货币政策工具推出的背景是什么？其与传统三大货币政策工具有什么区别？

答案：（1）我国新型货币政策工具推出的背景是：

① 外汇占款增速放缓，中央银行对商业银行流动性调节能力下降。

② 经济由高速增长转为中高速增长，经济结构不断优化升级。

③ 利率市场化改革进一步深化，货币政策框架由数量型向价格型转变。

（2）新型货币政策工具与法定存款准备金率、再贴现等传统货币政策工具也存在一定的差异，主要表现在：

① 创新工具赋予金融机构更多的自主性。常备借贷便利是由金融机构主动发起的，而不像法定存款准备金率等传统货币政策工具由中央银行主动运用，金融机构可以随时根据自身的流动性需求申请贷款额度，及时补充流动性，更具灵活性和针对性。

② 创新工具具有较强的政策倾向性，可以发挥结构性的调控效果。传统的货币政策工具如基准利率、法定存款准备金率的调整产生全局的政策效果，会对所有商业银行的流动性和信贷投放产生影响，政策效果的影响面广、作用强。常备借贷便利一般在金融机构和中央银行之间进行“一对一”交易，主要对操作对象产生影响；中期借贷便利和抵押补充贷款工具的操作对象和贷款发放也具有较强的针对性，具有很强的政策倾向性，主要对操作对象和特定的领域产生影响，可以发挥结构性的调控效果。

③ 创新工具是一种特殊的中央银行贷款。货币政策创新工具均是从中央银行获得的贷款，属于再贷款的范畴，但又与再贷款存在一定的差异。我国现有的再贷款包括信用贷款和再贴现贷款两种。与信用贷款不需要担保品不同，货币政策创新工具不属于信用贷款，贷款的获得均需合格的质押品；与再贴现贷款以已贴现的商业汇票作为质押品不同，货币政策创新工具发放贷款的合格质押品一般是高信用评级的债券类资产及优质信贷资产等。

3. 简述我国新型货币政策工具的实施效果。

答案：总的来看，上述多种货币政策工具创新取得了较好效果。

（1）基础货币供给渠道发生了明显变化，外汇占款在新增基础货币中来源的占比下降，中期借贷便利和补充抵押贷款等创新的货币政策工具在新增基础货币来源中的占比上升，保持了银行体系流动性适度，反映央行对基础货币的调控能力显著增强。

(2) 央行的短期和中期操作利率对债券市场利率和贷款利率的传导效应总体趋于上升，说明中央银行政策利率体系发挥了引导市场利率的重要作用。

(3) 信贷结构持续改善，经济结构的转型升级特征明显，创新货币政策工具的结构性功能效果逐渐体现。

(4) 货币信贷平稳增长，主要经济指标企稳向好，创新货币政策工具的逆周期调节作用有效发挥。

然而，我国货币政策创新工具的产生和实施时间不长，仍然处于发展和摸索阶段，在政策定位与作用效果等方面还有待进一步培育和完善。

4. 2020 年 6 月 1 日，中国人民银行创设“普惠小微企业贷款延期支持工具”和“普惠小微企业信用贷款支持计划”两项直达实体经济的货币政策工具，进一步完善结构性货币政策工具体系，增强对稳企业、保就业的金融支持力度。相比于再贴现再贷款等传统货币政策工具，SPV 有什么特点?

答案：与之前的再贷款再贴现等直达实体经济的货币政策工具相比，此次新创设的“普惠小微企业贷款延期支持工具”和“信用贷款支持计划”具有更为显著的市场化、普惠性和直达性等特点。

(1) 从市场化来看，央行通过创新货币政策工具对金融机构行为进行激励，但不直接给企业提供资金，也不承担信用风险。

(2) 从普惠性来看，只要符合条件的地方法人银行对普惠小微企业办理贷款延期或发放信用贷款，就可以享受央行提供的支持。

(3) 从直达性来看，央行创新的这两个结构性货币政策工具将货币政策操作与金融机构对普惠小微企业提供的金融支持直接联系，保证了精准调控。

五、我国外汇储备格局的演变(◆◆◆)

我国外汇储备自 1993 年起保持连续 22 年增长，然而 2015 年开始，外汇储备增长的趋势突然逆转，外汇储备量由 3.84 万亿美元下降为 3.33 万亿美元；2016 年减少为 3.01 万亿美元，较上一年下降 3198.44 亿美元；2017 年为 3.13 万亿美元，2018 年为 3.07 万亿美元，2019 年为 3.11 万亿美元。截至 2020 年 12 月末，我国外汇储备规模为 3.22 万亿美元。

【问题】

1. 外汇储备的功能有哪些？如何进行外汇储备管理?

答案：(1)外汇储备的功能主要包括以下四个方面：

① 调节国际收支，保证对外支付。

② 干预外汇市场，稳定本币汇率。

③ 维护国际信誉，提高融资能力。

④ 增强综合国力，抵抗金融风险。

(2) 从一国的角度来看，外汇储备的管理主要涉及两个方面：第一是数量管理；第二是币种管理。数量管理讲的是一国应保持多少储备才算合理；币种管理讲的是怎样搭配不同种类的储备货币，才能使风险最小或收益最大。

(1) 储备需求的数量管理

罗伯特·特里芬教授在1960年出版的《黄金和美元危机》一书中，通过大量的数据分析得出这样的结论：一国外汇储备的合理数量，约为该国年进口额的20%—50%。他认为决定一国最佳储备量的因素主要包括：①进口规模；②进出口贸易差额的波动幅度；③汇率制度；④国际收支自动调节机制和调节政策的效率；⑤持有储备的机会成本；⑥金融市场的发育程度；⑦国际货币合作状况；⑧国际资金流动状况。

(2) 储备资产的币种管理

储备资产币种管理应遵循的主要原则是：

① 币值的稳定性。以什么储备货币来保有储备资产，首先要考虑币值的稳定性。在这里，主要考虑不同储备货币之间的汇率以及相对通货膨胀率。一种储备货币的贬值，必然对应另外一种储备货币的升值。其次，不同储备货币的通货膨胀率也是不一样的。管理的任务就是要根据汇率和通货膨胀率的实际走势和预期走势，经常地转换货币，搭配货币，以达到收益最大或损失最小。

② 盈利性。不同储备货币资产的收益率不同，它们的名义利率减去通货膨胀率再减去汇率的变化，即为实际收益率。币种管理的任务不仅仅是要研究过去，更重要的是预测未来，观测利率、通货膨胀率、汇率的变化趋势，以决定自己的币种选择。另外，同一币种的不同投资方式，也会导致不同的收益率。有的投资工具，看上去收益率较高，但风险较大；有的看上去收益率较低，但风险较小。盈利性要求适当地搭配币种和投资方式，以求得较高的收益率或较低的风险。

③ 国际经贸往来的方便性。方便性管理是指在储备货币币种的搭配上，要考虑对外经贸和债务往来的地区结构和经常使用清算货币的币种。

2. 我国外汇储备过高的原因是什么？外汇储备过高有什么弊端？如何预防外汇储备过高？

答案：(1) 我国外汇储备过高的原因有：

① 热钱的大量涌入。21 世纪以来中国经济的高速发展吸引了大量热钱流入，热钱的投机性属性更重，其流入并不制造就业、商品或服务，而是在金融市场追逐资本利得，当其流出时也伴随着人民币汇率升值能够获得双重收益。热钱的大量进入，加大外汇占款规模，影响货币政策正常操作，扰乱了金融体系的正常运行，造成我国外汇储备的不断扩大。

② 持续贸易顺差。在我国政治环境稳定、市场潜力巨大和外资外贸政策优惠的吸引下，外资规模不断增大，对外贸易持续顺差，是我国外汇储备过快增长的主要原因。由贸易顺差引致的外汇储备增加，反映了国内总需求不足，国内需求不足在宏观层面上又进一步表现为中国的国内储蓄大于国内投资。外商直接投资引起的外汇储备增加，也意味着中国的大量经济资源与投资机会被外资获得，不利于本国产业结构的升级。

③ 政策导向误区。很多人认为，外汇储备是一种实际资源的象征，外汇储备越多越好。

实际上，这种观点是一种脱离国情的片面观点。外汇储备增长与经济运行状况之间不一定成正比关系。大众的错误理解，使企业将眼光放在了吸收资金方面，造成外汇储备增长。

(2) 外汇储备过高的弊端有：

① 超额外汇储备过多，容易导致“通货紧缩趋势”，不利于贯彻国家扩大内需的方针，不利于增加国内有效需求，不利于我国自身的经济增长和发展。

② 超额外汇储备过多，必然相应地增大外汇储备成本。央行被动地投放基础货币来吸纳超额外汇储备，必然影响到其对货币供应量的主动调控能力。

③ 超额外汇储备过多，必然会增大外汇储备的风险。汇率风险和利率风险是外汇储备无法规避的两种风险。

④ 超额外汇储备过多，会造成我国极为短缺的外汇资本资源的浪费，出现穷国反而向富国输出资本，支撑美国等发达国家人民的高消费的现象。

⑤ 超额外汇储备过多，会导致我国失去货币基金组织的优惠贷款。不仅如此，还必须在必要时对国际收支发生困难的国家提供帮助。

(3) 预防外汇储备过多建议

① 拓宽民间外汇使用渠道。现在民间的外汇基本上除了作为储蓄，就是将外汇兑换成人民币，实际上外汇都进了国家的外汇储备，没有进入流通和消费环节。在一定意义上，外汇成了死钱。可以考虑增加一些外汇商店，或者在一些大型商场增设外汇商品专柜，也可以允许居民用外汇购买商品。

② 有条件地开放外汇市场。现在民间的外汇已经形成了一定的规模，但外汇的流动主要在居民与银行之间以及银行之间，中间的交易手续费用较高，外汇流动的成本也高。可以考虑在银行之外设立专门的外汇市场和外汇资本市场，辅之以优惠的政策，比如降低交易费用，在税收上给予一定的优惠等，鼓励外汇在市场上流动，不必进入国家外汇储备的笼子。

③ 鼓励民间外汇进入国外消费和境外投资。包括增加居民个人用汇的额度，鼓励居民到国外旅游、消费和进行国外投资。政府的职能，主要是在进行必要调控的同时，规范外汇管理，建立外汇流通秩序，约束外汇交易行为。这样既减轻国家过多外汇储备的压力，又增强了外汇流动的活力，有利于提高外汇的使用效益。

3. 2015 年以来，我国外汇储备规模总体呈下降趋势，试阐述其原因。

答案：近年来，我国外汇储备呈下降趋势的原因有：

（1）对外投资。近年来，我国吸收外国直接投资规模基本稳定，而对外直接投资持续增长。随着“一带一路”倡议实施和企业走出去意愿增强，我国对外投资规模增长有加速趋势。2014 年以来，我国企业进行海外大规模并购，中国对外投资已经超过外商直接投资。海外并购相关的资金外流给人民币汇率造成巨大影响，使得人民币汇率面临贬值的巨大压力。而维持人民币汇率和汇率预期稳定是我国央行重要政策取向。当汇率出现大幅波动时，央行将动用外汇储备对汇率市场进行一定的干预。

（2）资本外流。我国经济当前面临结构性问题，从 2014 年开始，我国的 GDP 增速就出现逐步放缓的态势，中长期经济发展仍存在较大的下行压力，大多投机者并不看好我国经济，预期人民币面临贬值风险，于是资本向国外转移。2015 年的股市下跌导致大量资金从股市撤离，这部分资金也可能会流向海外。央行被迫动用外汇储备来捍卫人民币。随着资本外流的加剧，外汇储备被使用的规模也在逐步增加。

（3）藏富于民。藏富于民指在“意愿结售汇”制度下，放款出口收汇企业的留汇制度，从而增加企业和个人的外汇储备、减少国家外汇储备的机制。2014 年第二季度以来，随着人民币汇率由单边升值变为双向波动，境内机构和个人也开始优化资产负债的币种结构，其中一个重要的趋势是，他们开始增加外汇存款和对外资产，同时减少外汇贷款和对外负债，这也影响了我国的外汇储备。

（4）会计重整。外汇储备会计重整对以美元计价的外汇储备额度产生影响。由于美国经济逐渐复苏及美联储加息的影响，美元汇率在国际市场上走强。由于我国官方储备以美元计价，以其他货币形式持有的外汇储备受汇率变化的影响，一些非美元资产折算成美元就有所减少。

4. 外汇储备的来源渠道有哪些？外汇储备变动受哪些因素影响？我国外汇储备变动与国内货币供给有什么关系？

答案：（1）一国获得外汇储备的来源有：

① 对外贸易。这应该是获得外汇储备的最主要途径。当然，通过对外贸易获得外汇储备，前提是对外贸易有顺差，即出口额大于进口额。因为只有出口才能获得外汇储备，而进口则会耗费本国外汇储备，只有前者大于后者，外汇储备才能有盈余。

② 向外国贷款。这里可以向外国金融机构直接贷款，也可以在外国发行主权债券，只要外国金融机构愿意贷款或者发行的债券有人认购，就可以获得外汇储备了。当然，向外国贷款并不能作为外汇储备的主要来源，因为贷款最终是需要还的，而且贷款还要支付利息。

③ 吸引外国资本来本国投资。这也是一个不需要什么成本就能获得外汇储备的途径，而且还能利用外国资本发展本国经济。但是这种途径也有一个很大弊端，那就是一旦外国资本大规模撤资，对本国的经济和金融市场可能会造成重大打击。所以虽然各国都欢迎外国资本来本国投资，但也不敢无节制地吸收外资。

④ 向国际金融机构申请救助。一国在外汇储备严重不足，又不能通过其他途径获得外汇储备时，就可以向国际金融机构申请救助，比如国际货币基金组织、世界银行等。向国际金融机构申请救助其实也是贷款，虽然贷款利息可能会比较低，但也有其他一些苛刻的限制条件。所以不到迫不得已，一般情况下很多国家都不愿通过这一途径获得外汇储备。

⑤ 获得他国的无偿援助。一些特别穷的国家，不可能通过贸易来获得外汇储备，同时他们也不具备贷款偿还能力，这时就可能会从跟他们关系较好的国家或者肩负国际道义的国家获得无偿援助。此外，发生重大自然灾害、一些国家抱着政治目的等，也可能获得他国的无偿援助。

（2）外汇储备变动受以下因素影响：

① 国际收支交易，既包括央行为满足外汇供求而进行的调节，也包括储备经营收益；

② 外汇储备投资资产的价格波动，即价值重估；

③ 汇率折算因素，我国外汇储备用美元作为计量货币，同时储备坚持多元化经营，其他各种货币相对美元的汇率变动可能导致外汇储备规模发生变化；

④ 根据国际货币基金组织的定义，外汇储备在支持“走出去”等方面的资金

运用记账时会从外汇储备规模内调整至规模外。

（3）根据现代货币供给理论的原理和中央银行资产负债项目变化的规律，外汇储备与货币供给的一般关系可用公式推导如下：

$$B = D + R \quad ①$$

其中，D 表示来自国内的基础货币，即中央银行的国内信贷或支持货币供给的国内资产；R 是来自国外的基础货币，它通过国际收支盈余获得，以外汇储备为代表。

$$M^S = m \cdot B \quad ②$$

其中，M^S表示货币供给量，m 表示货币乘数；B 表示基础货币。

由①和②式可以得出如下公式，即：$M^S = mD + mR = mD + meU$，其中 e 代表外币汇率，U 代表国家外汇持有额。通过上述公式分析，我们可以知道外汇储备是中央银行货币供给的重要途径，中央银行资产负债表中外汇占款是中央银行的重要资产项目，具有高能货币的性质。如果外汇储备增加 ΔU，货币供应量就相应扩张 me 倍，即 M^S增加 ΔmeU。所以外汇储备对货币供给的影响是一种乘数关系。我国作为世界最大的外汇储备国，在很长一段时间都是通过外汇占款投放基础货币，以此来调整货币供给。

六、我国国际收支双顺差(◆◆◆)

我国曾长期保持国际收支双顺差格局。自 1994 年至今，经常账户持续顺差，并带动非储备性质金融账户出现了长达 20 年的顺差，外向型经济特征凸显。2014 年以来，随着利率市场化、汇率形成机制改革和资本账户开放协调推进，跨境资本由持续净流入转变为双向流动，非储备性质金融账户开始持续逆差。在 2016 年末再次实行“宽进严出”的外汇管制措施后，2017—2020 年该账户又持续顺差，国际收支双顺差格局再次出现。

【问题】

1. 请从国际收支平衡表的结构，谈谈我国为什么会出现双顺差。

答案： 国际收支双顺差是指经常项目顺差和资本金融项目顺差，在理论上经常项目和资本金融项目是互补的，所以不可能同时出现顺差。但在我国却出现了双顺差的现象，这是因为我国的国际收支平衡表(第五版)与 IMF 版本的结构不一致。在 IMF 的国际收支平衡表中，一级账户包含经常账户、资本金融账户及错误与净遗漏账户。而我国的国际收支平衡表把资本金融账户下面的储备项目单独列示出来，独立成为一个一级账户。这在客观上会导致国际收支双顺差现象的出现。比如，在不考虑错误与净遗漏的前提下，经常项目+100万元，储备项目-110万元，其他不包含储备项目的资本金融项目+10万元，按照IMF的版本，国际收支平衡；但是按照我国的版本，就会出现双顺差。

2. **具体分析我国国际收支常年双顺差的原因。**

答案：（1）外部成因分析

① 人民币汇率的影响。2005年，我国对人民币汇率制度进行改革，形成以市场供求为基础、参考一篮子货币进行调节、有管理的浮动汇率制度。"8.11汇改"之后，人民币汇率被低估5%—6%。由于我国的汇率制度不是完全自由浮动的，所以市场无法真实体现人民币的价值，被低估的人民币促进了出口，带来了经常项目的顺差。

② 国际利率的影响。2008年金融危机之后，很多国家的利率大幅降低，而中国因本身经济模式的独特性受金融危机影响较少，大量资本出逃到中国，造成了中国资本与金融账户的顺差。

（2）内部成因分析

① 贸易与进出口的顺差。改革开放初期，我国实行对外开放。由于缺乏资金、技术，我国鼓励加工贸易业的发展，拉开了"中国制造"的大幕。2001年中国加入世贸组织以后，中国制造更加走向国际，成为我国参与全球分工的主要形式。中国的加工贸易业很好地利用了早期中国劳动力廉价的优势，为中国的对外开放找到了一个迅速有效的道路。但是从长期来看，加工贸易处于产业链的底端，环境污染严重，不利于我国的产业结构升级。随着中国人力资源成本的逐渐提高，中国加工贸易业的优势也将随着人口红利的消失而消失。

② 对于外资的引进战略。改革开放以来，我国逐渐形成了"经济特区—沿海开放城市—沿海经济开放区—内地"的对外开放格局，开始了引进外资的道路。为了吸引外资，我国为外资提供了超国民待遇，对内外资企业实行不同的税收制度，给予外资企业优惠的税收待遇。

③ 储蓄投资失衡。中国的传统让我国居民生活一直保持着高储蓄、高投资、低消费的状态。首先，高储蓄带来的问题是储蓄向投资的转化问题。在我国的金融体系中，银行占主体，而债券和股票市场则处于次要地位，因而大部分的储蓄归于银行。银行对于资金的用度一方面要求回报，但更大一方面要求资金的安全性，因而银行信贷主要流向个人住房贷款、大型企业贷款等，对于新兴产业和中小企业则过于严苛，导致了高储蓄向投资转化的低效，市场从而要求更多的外资引进，导致资本与金融账户的顺差。其次，高投资率带来的是生产力的不断发

展，而低消费则导致了产能无法在国内被消化，需求与供给产生矛盾，产能过剩，只能不断向国际出口，导致了经常项目的顺差。

3. 我国国际收支常年双顺差的影响有哪些?

答案：（1）积极影响

① 改善经济和就业状况。根据国民收入等式 $Y=C+I+G+NX$，一国的 GDP 是由消费、投资、政府支出和净出口组成的，我国国际收支的双顺差使得 NX 扩大，拉动了我国的 GDP。另外，对外资 FDI 的引进促进了本国产业的发展，同时也为我国创造了更多的就业岗位，改善了就业状况。

② 增加外汇储备，增强偿付应对能力。双顺差导致了储备资产的增加，使得我国的外汇偿付能力和汇率调控能力提高，政府能够更好地维持本国货币的币值并维持外汇市场稳定。

③ 有利于出口的发展，促进我国制造业的改善。经常项目的顺差主要是由贸易的顺差导致的，而贸易的顺差主要是由我国加工制造业的出口导致的。随着中国制造大量的出口，我国商品的质量也在不断受到各国标准的限制与检验，国际市场给我国的加工制造业提供了一个相对自由竞争的市场环境。在这样一个市场的推动下，我国的制造产业将不断改良更新以适应国际的变化发展，从某种角度来说促进了我国产业的发展。

（2）消极影响

① 资本对外依赖程度高，经济存在运行风险。对外商投资的引进与鼓励导致外商投资的大规模增加，导致资本与金融账户的顺差扩大，但是外商投资的引进不断增大很可能会引发对外资的依赖性和自我发展的独立性之间的矛盾，外资相比较国内资本在某种意义上具有不可控性，而资本的逐利性也必将导致我国产业利润的外流。我国想要获得独立的发展，想要建立更加完善和坚固的经济体系，应该将本国资本作为行业的基石，促进国内资本市场的发展。

② 外汇储备成本高。截至 2020 年底，我国的外汇储备已达到 3.22 万亿美元，位居世界第一。然而，我国要应对汇率的变动，维持国际收支的稳定并不需要如此庞大的外汇储备。持有过多的外汇储备带来的将是资源的浪费，放弃了资金投入生产创造价值的机会成本。

③ 加剧国际贸易摩擦。近年来，美国与我国的贸易摩擦加剧，贸易战成为年度热词。由于中国加工贸易发展迅速，生产产品成本低，具有竞争优势，出口到国际市场上，对国外的产业产生了冲击，破坏了其他国家的市场秩序，自然会遭到他国的抵制，产生贸易摩擦。

七、基础货币投放机制的演变(◆◆◆)

从我国基础货币投放机制演变来看，1984—1993 年再贷款和财政透支是主要投放机制，1994 年到 21 世纪初则逐渐过渡到外汇占款。2004—2014 年，我国贸易顺差较大，基础货币的投放以外汇占款为主。2014 年外汇占款达到峰值此后开始下滑，其占基础货币余额比例由 2013 年底的 98%下降到 2019 年底的 65%。而从 2014 年至今，我国基础货币投放强化了再贷款、再贴现、逆回购以及四种创新型货币政策工具(SLF、MLF、TMLF、PSL)的使用，其中四种创新型货币政策工具在“对其他存款性公司债权”(即对商业银行的债权)中的比重由 2019 年底的 69.23%升至 2020 年 2 月底的 79.11%。

【问题】

1. 什么是基础货币？影响基础货币投放的因素有哪些？

答案：基础货币，因其具有使货币供应总量成倍放大或收缩的能力，又被称为高能货币，是指流通于银行体系之外被社会公众持有的现金与商业银行体系持有的存款准备金的总和。

影响基础货币投放的因素有：

(1) 央银对商业银行等金融机构债权的变动，这是影响基础货币的最主要因素。一般来说，中央银行的这一债权增加，意味着中央银行对商业银行再贴现或再贷款资产增加，同时也说明通过商业银行注入流通的基础货币增加，这必然引起商业银行超额准备金增加，使货币供给量得以多倍扩张。相反，如果中央银行对金融机构的债权减少，就会使货币供应量大幅收缩。通常认为，在市场经济条件下，中央银行对这部分债权有较强的控制力。

(2) 国外净资产数额。国外净资产由外汇、黄金占款和中央银行在国际金融机构的净资产构成。其中外汇、黄金占款是中央银行用基础货币来收购的。一般情况下，若中央银行不把稳定汇率作为政策目标的话，则对通过该项资产业务投放的基础货币有较大的主动权；否则，中央银行就会因为要维持汇率的稳定而被动进入外汇市场进行干预，以平抑汇率，这样外汇市场的供求状况对中央银行的外汇占款有很大影响，造成通过该渠道投放的基础货币具有相当的被动性。

(3) 对政府债权净额。中央银行对政府债权净额增加通常由两条渠道形成：直接认购政府债券和贷款给财政以弥补财政赤字。无论哪条渠道都意味着中央银行通过财政部门把基础货币注入了流通领域。

(4) 其他项目。这主要是指固定资产的增减变化以及中央银行在资金清算过程中应收应付款的增减变化。它们都会对基础货币量产生影响。

2. 我国传统的基础货币投放的主要渠道有哪些?

答案:我国传统的基础货币投放渠道有:

(1)外汇储备是中国人民银行近年来投放基础货币的主要渠道。1994 年外汇管理体制改革后，我国实行的是有管理的浮动汇率制，为了避免人民币汇率的大幅波动，中国人民银行通过在外汇市场上买卖外汇影响外汇市场的供求关系，保持人民币汇率的相对稳定。当外汇储备增加时，基础货币也相应增加；反之，当外汇储备减少时，基础货币也相应减少。

(2)公开市场业务也是近几年中国人民银行调控基础货币的一个重要渠道。中央银行如果增加持有对政府的债权，就意味着投放了相应的基础货币；中央银行减少持有对政府的债权，意味着其收回了相应的基础货币。1995 年以后中央银行增加的对政府债权都体现在持有的政府债券上，都是中国人民银行从事公开市场业务的结果。

(3)再贴现曾经是中国人民银行投放基础货币的渠道，但随着我国金融体系日益完善，金融市场特别是货币市场的迅速发展，通过再贷款投放的基础货币规模越来越小。截至 2009 年年底，我国的再贴现市场不发达，再贴现没能成为中国人民银行收放基础货币的主要渠道之一。

(4)发行央行票据是中央银行调节基础货币的另一种手段。我国的中央银行票据只向商业银行等存款性金融机构发行，商业银行购买央行票据、支付款项后，直接的结果是其在中央银行账户上的准备金存款减少，即基础货币数量减少。

3. 2014 年以来，外汇占款在我国基础货币投放所占比重越来越小，其原因是什么?

答案:外汇占款在我国基础货币投放的比重越来越小，其原因有:

(1)通过外汇占款投放基础货币比较被动。在相当长的时期内，外汇占款成为了基础货币的主要来源。为了对冲由外汇占款而引起的基础货币增加，中国人民银行通过发行中央银行票据等方式回笼基础货币，使得基础货币的增长率远远低于外汇占款的增长率，但同时也使中央银行承担了巨额的票据发行成本。

(2)当前全球正在掀起一股去“美元化”的浪潮，也给中国货币发行机制改革带来了机遇。由于美国国债收益率出现倒挂现象，其经济发展前景不容乐观，美债被投资者看空的程度在增强。

(3)国内货币发行机制改革的基础不断完善。目前，创新型货币政策工具是基础货币投放的重要机制，可以弥补外汇占款的被动，减少央行主动扩表，增强货币政策的自主性。

4. 如何评述我国当前的基础货币投放机制?

答案: 我国当前基础货币投放机制一直与宏观经济形势变化相适应，形成了短期投放以公开市场操作为主、中期投放以 MLF 操作为主、定向投放以再贷款和再贴现为主的“三位一体”政策，并辅之以“三档两优”的特色准备金政策作为有效调节手段，总体上适应了经济发展的需要，也为利率市场化改革提供了支持。

(1) 公开市场操作是短期吞吐基础货币、调节市场流动性的主要货币政策工具。中央银行以 7 日逆回购为主灵活调控银行间市场流动性，如遇节假日，中央银行常以更长期限的逆回购投放基础货币，总体来看，中央银行通过灵活安排操作期限品种精准对冲税期、年节现金投放、年末监管考核等短期流动性压力，使银行间短期流动性保持在合理水平。逆回购操作也为短期利率提供了定价基础，若 DR007 等市场利率高于短期利率中枢，中央银行将开展公开市场逆回购操作以加强逆周期调节，促进利率整体下行。

(2) 中期借贷便利(MLF)是中央银行提供中期基础货币的主要工具，承担着完善价格型调控框架、引导市场利率水平等多方面任务。2019 年 8 月，中央银行完善 LPR 形成机制，进一步疏通货币政策传导渠道。至此，MLF 利率代替贷款基准利率成为 LPR 的报价参考基准，未来 MLF 将发挥更为重要的作用。

(3) 定向基础货币对中央银行基础货币投放形成有力补充。近年来中央银行开创了普惠金融、定向降准、再贷款再贴现、定向中期借贷便利(TMLF)等政策工具对“三农”、中小微企业进行精准滴灌。一直以来，再贷款、再贴现对“三农”、扶贫等领域起到一定支撑作用，但操作量较低。2020 年 1 月以来，为对冲疫情影响，中央银行推出了专项再贷款等政策，定向支持疫情防控重点领域、重点企业与受影响较大的中小微企业。

八、货币政策传导机制改革(◆◆◆)

中国人民银行正在完成从以数量目标为主向以价格目标为主的中间目标转型。1984 年，中国央行将货币供应量和信贷规模并列作为货币政策中间目标。直到 1998 年正式取消商业银行信贷规模管理制度之后，中国央行才开始实行资产负债比例管理，同时以货币供应量作为单一货币政策中间目标。2011 年初，中国央行开始实行存款准备金动态调整制度，尝试将社会融资总量作为新的货币政策中间目标，并着手修订货币供应统计口径。这虽在一定程度上有助于提高货币政策的主动性和有效性，但本质上仍是货币数量调控思路的延续。在影子银行与创新金融蓬勃发展的冲击下，随着利率市场化改革的基本完成，从以货币信贷为主的数量调控方式转向以利率为主的价格调控方式变得日益必要和迫切。2015年取消存贷款利率管制，标志着中国货币政策调控进入建立健全与市场相适应的利率调控阶段。2019 年 8 月，央行宣布对贷款市场报价利率（LPR）实施改革。这意味着从货币市场到贷款市场的利率传导机制正在被进一步疏通。

【问题】

1. 常见的货币政策传导机制有哪些？我国现阶段主要通过什么机制来传导？为什么？

答案：（1）常见的货币政策传导渠道有：

① 凯恩斯学派的货币政策传导机制理论。其思路是：通过货币供给 M 的增减影响利率 r，利率的变化则通过资本边际效益的影响使投资 I 以乘数方式增减，而投资的增减进而影响总支出 E 和总收入 Y。在这个传导机制发挥作用的过程中，主要环节是利率。

② 货币学派的货币政策传导机制理论。在货币学派看来，货币供应量的变动可以直接引起名义收入的变动。

③ 资产价格渠道理论。该理论认为，货币政策将通过影响各种金融资产的价格，尤其是股票的价格传导至实体经济，从而达到货币政策的最终目标。这类理论大致有三种：一是托宾的 q 理论，二是莫迪利安尼的财富效应理论，三是汇率渠道理论。

④ 信用渠道理论。信贷传导机制理论强调信贷传导有其独立性，不能由类似利率传导、货币数量传导的分析所代替。信用渠道主要包括银行贷款渠道和资产负债表渠道。

（2）目前，货币供应量作为货币政策的中介目标已受到越来越多的质疑，而利率作为我国货币政策的中介目标又似乎缺乏应有的条件。其中，尚未完成的利率市场化改革制约了利率指标的适用性。从货币政策的信用传导来看，目前我国金融市场的规模不大，货币政策要通过资产负债表渠道来传导恐怕难以取得预期的效果。相比之下，银行贷款渠道可能是我国现阶段货币政策传导的主渠道。

① 我国现阶段资金融通的主要方式仍然是间接融资，直接融资的比重相对有限。而在间接融资中，充当金融中介机构的依然是商业银行，尤其是国有四大银行。目前，企业资金的 80%以上来自银行贷款。

② 在金融市场不够完善、金融产品比较单一的情况下，我国居民的储蓄仍

以银行存款作为主要的选择。而对于银行来说，包括居民储蓄存款在内的各类存款在银行负债中占有80%的比重。在以间接融资为主导的情况下，银行贷款的能力无疑将对经济主体的行为产生重要影响。在这种情况下，中央银行通过运用各种货币政策工具以影响商业银行的存款准备金，就有可能影响商业银行的贷款能力，从而达到宏观调控的目的。

③ 从信贷市场的结构来看，我国目前的信贷市场具有显著的国家所有制的垄断性。尽管我国商业银行的所有制形式具有国有独资形式和股份制形式等多种形式，但如果将国家直接控股的股份制银行计算在内，则80%以上的股权归国家所有，90%以上的银行市场被四大国有商业银行和其他由国家直接控股的商业银行所占据。信贷市场的这种高度垄断性进一步加大了银行贷款渠道作为我国货币政策传导的主渠道的有效性。

2. 中国人民银行目前有哪些数量型工具和价格型工具？比较数量型工具和价格型工具的传导渠道有何不同？各自的局限性是什么？

答案：（1）数量型工具主要包括法定存款准备金政策、公开市场业务、再贴现再贷款政策和信贷政策四种，而价格型工具主要包括利率政策和汇率政策两种。前者通过直接调整GDP和CPI等宏观经济变量，缺乏对微观行为的预测；后者注重影响微观主体预期来调整经济行为。

（2）货币政策工具根据其发挥作用的渠道和机制的不同，其中数量型货币政策工具基本由中央银行进行主导调控，通过调整货币供应量的大小来调控宏观经济，根据现代货币主义学派的传导机制，货币供给量上升会造成支出增加，从而直接影响投资和消费。而价格型货币政策工具则是通过资产价格的变化来改变企业和居民的资产结构以及财富价值。价格型货币政策工具的渠道又包括资产价格渠道、汇率渠道和信用渠道。

（3）数量型操作工具的局限性主要包括：①假设条件为货币外生性，但实践证明货币具有很强的内生性。②数量型的中介目标与最终目标之间相关度正在下降。③货币供应量的准确测量面临难题。④以超额准备金率为操作目标容易导致顺周期性货币调控。⑤数量型货币调控成本日益上升，有效性逐渐下降，以准备金率为代表的数量型工具容易造成经济“急刹车”，不利于稳定产出。

价格型操作工具的主要局限性在于：①微观主体的预期很重要，但根据动态不一致理论央行难以引导预期。②依赖于完善的资本市场和信贷市场。③对于中央银行对预期的管理能力和操作技术有着更高的要求。

3. 货币政策的中介目标分为数量型目标和价格型目标两种。有人认为目前的中国，数量型货币政策指标的有效性在降低，应放弃数量型选用利率型目标。谈谈你对此的理解。

答案：（1）货币供应量作为数量型中间目标的有效性

中央银行选择货币政策中介目标的主要标准是：相关性、可控性和可测性。下面用这三个目标来分析货币供应量作为中间目标的有效性。

① 相关性依旧存在。我国货币政策的最终目标是促进经济增长，这要求货币供应量与经济增长之间有较高的相关性。从近年实际情况看，我国国民经济持续、快速、健康增长，综合国力显著提高。在这一过程中，货币政策发挥了重要作用。总体看，货币供应量的增长适应经济发展的需要，货币供应量作为中间目标发挥了较好的作用。

② 可控性相对较高。在现代货币银行制度下，货币供应量决定于基础货币和货币乘数之积，货币供应量是通过基础货币和货币乘数两方面共同决定的。中央银行可以运用各种货币政策工具来影响这两个方面，从而达到调控货币供应量的目的。简单的金融结构使得目标变量与货币总量之间容易有一个稳定的函数关系，中央银行控制目标货币供给量的难度相对较小。

③ 可测性也相对较好。我国的金融市场与发达国家相比，金融工具比较单一，可供投资的金融品种不多，居民和企业的金融资产仍以储蓄为主。这种简单的金融市场结构对于测量货币供应量是有好处的。尽管近年来我国经济金融环境发生了一定的变化，但货币供应量仍可以相对准确统计。

（2）货币供应量作为数量型中间目标的局限性

① 货币供应的内生性加强，可控性下降。我国的货币供应随着对外开放程度不断提高，越来越内生于国民经济运行，中央银行除了能够在较大的程度上控制再贷款、政策性贷款外，与对外经济活动相关的货币供应量以及其变动已经不能完全为中央银行所控制，而是取决于经济增长状况、进出口情况和资本流动。导致我国货币供应量的可控性降低的主要原因有两方面：基础货币投放难以控制和货币乘数不稳定。

② 货币供应量的相关性不稳定。除了金融危机爆发后货币供应量增长率对GDP增长率的刺激作用显著下降，货币供应量作为中间目标的有效性也正在减弱。专家分析发现，货币供应量中间目标与经济增长和物价之间有显著的相关，但是由于货币流通速度有较大的波动，以及货币乘数不稳定等原因，导致货币供应量可控性和可测程度不高，因此M2作为中间目标的效率处于递减阶段。

③ 货币供应量的可测性降低。首先，日益发展的金融创新使各个层次之间的货币的界限越来越模糊，货币的统计口径也越来越难以确定。再者，随着我国大力发展信用制度以及货币电子化的趋势，越来越多的人开始持有并使用信用卡。由于其透支额度在实际消费过程中几乎等同于现金，所以信用卡的普及大大降低了人们对现金的需求，由此引发 M0 向 M1、M2 的流动性增强。

(3) 利率作为价格型中间目标的展望

虽然利率是一个较好的货币政策中间目标，但对于我国来说，尚不具备将其作为中间目标的条件。首先，与成熟金融市场国家相比，我国货币政策的操作指标仍然缺少作为市场指导指标的基准利率。其次，从利率指标的可控性角度来分析，由于我国金融体系发展水平不高，还处于加速融入国际经济体系及快速实现产业结构变迁的阶段，因此，我们很难准确预测中央银行调节基准利率对商业银行借贷利率的影响。

在利率市场化尚未彻底完成、利率形成机制尚不灵活、利率变动与经济景气变化之间的直接互动关系尚未建立之前，不宜遽然放弃货币供应量作为货币政策中间目标而改采用利率作为货币政策中间目标。但考虑到银行间市场利率对于市场信号变化的敏感性以及日常可观测性，利率市场化彻底完成后，利率形成机制将进一步完善，利率变动与经济景气之间的互动增强，利率在调节经济景气变化方面的作用将更加明显，可以考虑使用银行间利率作为货币政策中间目标。

4. M2 作为近些年来中国央行货币政策的中介目标，效果逐年下降，因此一些学者希望用社会融资规模来替代 M2 作为货币政策中介目标。什么是社会融资规模？M2 和社会融资规模是什么关系？采用社会融资规模作为货币政策中介目标有什么优缺点？

答案：(1) M2 与社会融资规模的关系

社会融资规模是指一定时期内(每月、每季或每年)实体经济从金融体系获得的全部资金总额，是增量概念。

M2 和社会融资规模作为货币政策的远期中介目标，分别反映了金融机构资产负债表的负债方和资产方，两者相互补充、相互印证，是一个硬币的两个面。社会融资规模是从金融机构资产方和金融市场发行方进行统计，是从全社会资金供给的角度反映金融对实体经济的支持。M2 正好相反，是从金融机构负债方统计，是金融机构的负债，是金融体系对实体经济提供的流动性和购买力，反映了社会的总需求。

(2) 社会融资规模作为货币政策中介目标的合理性与问题

① 社会融资规模作为货币政策中间目标的合理性体现在其与宏观经济、货币政策指标的相关性较高。社会融资规模与GDP、固定资产投资完成额、社会消费品零售总额、CPI等主要经济指标，以及基础货币、利率等货币政策主要操作目标的关系密切。

② 作为一个新的货币政策中介目标，社会融资规模也存在需要解决的问题。

首先，可测性弱。一是数据统计口径的一致性问题。社会融资规模的统计数据来源于人民银行、发改委、证监会、银保监会、银行间市场交易商协会等多个部门，需要相关部门协调合作，规范统一各种指标口径。二是社会融资规模的统计方法和统计范围问题。社会融资规模指标包括表内外科目、不同金融机构的科目，统计方法的统一性问题需要考虑。

其次，可控性较低。社会融资规模统计多种类型的金融机构，且监管当局对股权融资、债券融资、保险理赔、中间业务市场融资等的控制较弱。

5. LPR报价机制改革的具体内容是什么？我国为什么要进行改革？该改革有什么意义？

答案：(1)此次改革完善LPR形成机制，体现了六个“新”：

① 新的报价原则。要求各报价行真正按照自身对最优质客户执行的贷款利率报价，充分体现市场化报价形成原则。

② 新的形成方式。LPR改革按公开市场操作利率加点形成的方式报价，其中公开市场操作利率主要指中期借贷便利(MLF)利率，LPR报价的市场化和灵活性明显提高。

③ 新的期限品种。在原有1年期一个期限品种基础上，增加了5年期以上的期限品种，为银行发放住房抵押贷款等长期贷款的利率定价提供参考。

④ 新的报价行。在原有10家全国性银行基础上，增加城市商业银行、农村商业银行、外资银行和民营银行各2家，扩大到18家，有效增强了LPR报价的代表性。

⑤ 新的报价频率。将原来的LPR每日报价改为每月报价一次，提高报价行的重视程度，提升LPR的报价质量。

⑥ 新的运用要求。要求各银行尽快在新发放的贷款中主要参考LPR定价，同时坚决打破过去部分银行协同设定的贷款利率隐性下限，并将LPR运用情况纳入宏观审慎评估(MPA)和自律机制管理中。

(2) 利率并轨提出的背景是我国存贷款基准利率与市场化利率长期存在着双轨制问题。这与中国银行业对传统银行业务和金融市场业务分开运营有关，两者分别对应商业银行的资产负债部和金融市场部，资金分别来源于客户存款和金融市场。不同的资金来源意味着不同的资金成本，这导致存贷款利率与市场利率之间存在分割，也阻碍了基准利率向实体经济的传导。因此，未来要提高基准利率传导效率，必须继续深化利率市场化改革，解决利率双轨制问题。

（3）此次 LPR 改革，对推动货币政策框架转型、利率市场化改革及降低企业融资成本均有较大现实意义。

① 推动货币政策框架转型，强化政策利率体系作用。在中国经济逐步转向高质量发展后，我国货币供应量增速与 GDP 增速相关性明显减弱，冲击来源逐步转向货币需求。由于货币需求函数变得不稳定，因此利率机制更适合作为货币政策框架转型后的中介目标。近些年来，央行货币政策执行报告多次提出要推动货币政策框架从数量型调控转向价格型调控，进一步强化利率机制的作用。

② 继续推进利率市场化改革，破除利率双轨。2015 年 10 月，央行解除存款利率上限约束，我国有管制利率品种已全部放开，名义上的利率市场化已经完成，但存贷款基准利率一直保留。新 LPR 报价机制将增强银行贷款利率与市场利率之间的互动，最终贷款利率将更加市场化，这有助于利率市场化改革推进，破除利率双轨。

③ 降低企业融资成本，支持经济高质量发展。近些年来，由于强监管、去杠杆等政策强力推进，企业融资渠道有所收缩，融资难、融资贵问题出现抬头。LPR 机制改革后，商业银行贷款将主要参考 LPR 定价，最终贷款利率将直接与政策利率挂钩，这有助于推动金融供给侧改革，有效降低企业融资成本，缓解企业融资难、融资贵问题，助力新旧动能转换，支持经济高质量发展。

6. 什么是宽信用？什么是宽货币？结合我国现状，谈谈宽货币如何才能转化为宽信用？

答案：（1）目前市场将传统货币政策的传导机制分成了货币和信用两个层面，宽货币是指货币政策操作层面的宽松，目的是增加市场货币供应量，衡量的标准是市场总体流动状况和利率水平；宽信用则是指金融机构通过放款、投资等行为，促进社会融资总量和广义货币增长，支持实体经济发展。从货币政策的意图来看，往往是想通过宽货币来创造宽信用，进而为实体经济恢复创造更为适宜的货币、金融环境。

（2）在实践中，宽货币是宽信用的前提，但不一定能实现宽信用的结果。这是因为宽信用在很大程度上取决于微观主体的行为，从信用的供给端来看，金融机构资金投放意愿和能力有着重要的影响，而在需求端，由实体经济部门投资、消费决策所引发的融资需求，更是制约着宽信用的空间。从这个意义上讲，要想实现宽信用的目标，不仅需要在总量货币政策层面保持流动性相对充裕的状态，更重要的是要解决微观层面信用供求两端存在的错配和梗阻，也就是传统意义上所说的疏通货币政策传导机制。

正因如此，只有疏通货币政策传导机制，才能确保资金流向实体经济，而疏通货币政策传导的关键，在于提高金融机构的风险偏好。我们建议应采用如下措施使得宽货币向宽信用转化：

① 政策目标方面，要处理好稳增长与防风险的关系。我国经济尚处于新旧动能转换时期，长期积累的金融风险进入易发多发期，外部不确定因素有所增多，因此，防风险的弦仍然不能松，金融机构应在守住风险底线的前提下注重服务实体经济。

② 激励措施方面，既要在信贷考核和内部激励上下更大功夫，增强金融机构服务实体经济特别是小微企业的内生动力，也要健全正向激励机制，有成绩的要表扬，知错就改的要鼓励。这两条措施主要是鼓励金融机构从内部角度出发，在机制和导向上引导服务实体经济。

③ 配套措施方面，一是发挥好财政政策的积极作用，用好国债、减税等政策工具，用好担保机制；二是深化金融改革，完善大中小金融机构健康发展的格局；三是持续开展打击非法金融活动和非法金融机构专项行动。这三条措施，有利于形成财政政策与货币政策密切配合、大中小金融机构各司其职以及金融监管保驾护航，进而共同服务实体经济的良好局面。

九、人民币国际化（◆◆◆）

2008 年国际金融危机后，国际社会充分意识到现行国际货币体系的内在缺陷，积极探索超主权货币和储备货币多元化的改革思路。中国在本次改革中发挥了引领作用，在促进国际货币体系改革的同时，抓住机遇，多措并举，积极推动人民币国际化，取得了重大成绩。2009 年跨境贸易人民币结算试点启动，当年经常项目人民币结算金额 25.6 亿元，2020 年达到 6.8 万亿元，增长了 2644 倍。目前，人民币已成为全球第五大支付货币、第三大贸易融资货币、第五大储备货币。2016 年，人民币正式加入国际货币基金组织特别提款权（SDR）货币篮子。这既是储备货币多元化进程的重要一步，也标志着人民币的储备货币地位得到国际社会的认可，是人民币国际化的重要里程碑。

【问题】

1. 试述现行国际货币体系的缺点和改进措施。

答案：(1) 现行国际货币体系的缺陷有：

① 现行国际货币体系的不公平性。在当前的国际货币体系下，在美元主要充当着世界货币的情况下，一旦美国发生金融危机或是经济危机，世界各国就必定要为美国承担危机带来的相当一部分的损失。换句话说，美国可以把金融危机或是经济危机带来的损失转移给世界各国，这对世界其他国家是相当不公平的。

② 现行国际货币体系的不稳定性。现行国际货币体系最明显的内在缺陷就是不稳定性，主要表现为汇率的剧烈波动性。汇率的剧烈波动性给各国政府及整个世界经济都带来了巨大危害。

③ 现行国际货币体系的根本问题。我们知道在布雷顿森林体系崩溃的根本原因就是特里芬难题，其实在现行的国际货币体系下，特里芬难题并没有得到根除。一方面美国为了保持其内部均衡，要将美元的通货膨胀率控制在低水平，而这就要求美国政府需控制美元的大量流出；另一方面由于世界经济的增长并且国际贸易主要以美元计价，世界各国对美元的需求不断增加，这就需要美元大量流出，美国与其他世界各国对美元的需求形成了根本的对立，产生了类似特里芬难题的难题，由于学术界对此难题并没有一个名称，在这里我们不妨称之为“美元难题”。

(2) 现行国际货币体系的改革思路：

① 将国际货币基金组织、世界银行、国际清算组织和巴塞尔委员会进行整合统一，使其成为一个类似世界中央银行的机构，并且赋予该机构发行世界货币的职能。

② 世界货币可以由特别提款权(SDR)改组来充当。我们知道 SDR 具有价值尺度、支付手段、贮藏手段的职能，而且只限于政府之间使用。如果再赋予 SDR 流通手段的职能，同时使其可以用于私人媒介国际商品的流通，那么改组后的 SDR 将会变为一种真正的世界货币。改组后的 SDR 的计价方式同样是以“一篮子”关键货币为基础，按照不同的权数加权得出。同时各国需按照一定比例向该机构缴纳资金，作为发行世界货币的准备金。

③ 建立以世界货币为中心的固定汇率制。各国货币按照其自身的情况以一定条件和世界货币保持一定的比例，当然这一比例可以在一定的条件进行调整，使其处于合理的估值范围之内。

我们发现建立这样的一个国际货币体系可以完全解决现行国际货币体系下的

不公平性、不稳定性，并且还可以很好地解决由一国货币充当世界货币带来的“美元难题”，从而解决现行国际货币体系的根本问题。

2. 什么是国际储备货币分散化？原因是什么？人民币加入SDR对当前国际储备货币格局有什么影响？

答案：（1）国际储备货币分散化又称“储备货币多元化”，指储备货币由单一美元向多种货币分散的状况或趋势。多元化国际储备体系的形成直接导源于美元在20世纪70年代的两次贬值，引起美元信誉下降。多元化储备体系的发展变化也基本上由美元地位与信誉的沉浮而引起。

（2）储备货币多元化的原因有：

① 特里芬难题的出现及其补救措施的失败，是促使国际储备体系多元化的一个重要原因。特里芬难题，指一种主权货币作为国际储备货币的货币制度的两难处境，即信心和清偿力之间的矛盾。为解开这个难题，国际货币基金还于1969年10月创设了特别提款权，试图以此作为国际储备资产的补充，减轻不断增长的国际储备需求对美元的压力，缓和美元危机，并最终取代黄金和美元而成为中心储备货币。但由于特别提款权的“纸黄金”性质以及其他局限性，这一措施未能从根本上解决这个“难题”，美元危机仍不断产生。

② 日元、马克等货币地位的上升。随着战后日本、西欧经济的恢复与发展，相应地，这些国家的货币也被人们不同程度地看好而成为硬通货。当美元信用逐渐削弱而使美元危机迭生时，这些硬货币也就成了人们作为中心储备货币的最佳选择。因此，许多国家在预期到美元贬值时，就纷纷将美元储备兑换成日元、马克、瑞士法郎等硬货币，甚至还抢购黄金，从而使国际储备资产分散化和多元化。

③ 西方主要国家国际储备意识的变化。联邦德国和日本这些国家最初是不愿本国货币成为中心储备货币的。但自1979年遭到第二次石油危机冲击后，这些国家改变了态度，放松了对资金的管制，鼓励外资内流以及外国中央银行持有本国货币的增加，加速了这些货币作为国际储备货币的进程。

④ 保持国际储备货币的价值。从1973年开始，浮动汇率制成了国际汇率制度的主体，随之而来的是汇率剧烈波动，且波幅很大。为了防止外汇风险，保持储备货币的价值，各国就有意识地把储备货币分散化，以此分散风险，减少损失。这种主观保值行为也推动了国际储备体系走向多元化。

（3）人民币加入SDR后，会逐渐发展成为全球主要币种之一，未来可能出现美元、欧元、人民币“三足鼎立”的局面，这将有助于促进国际储备货币的多元化，提高国际货币体系的稳定性和韧性。同时，人民币加入 SDR 意味着自 20 世纪 80 年代以来，第一次有新兴市场货币进入到 SDR 货币篮子，这有助于改善以往单纯以发达国家货币作为储备货币的格局，增强 SDR 本身的代表性和吸引力。

3. 什么是人民币国际化？为什么要人民币国际化？当前推进人民币国际化面临哪些挑战？

答案：（1）人民币国际化是指人民币能够跨越国界，在境外流通，成为国际上普遍认可的计价、结算及储备货币的过程。衡量人民币是否国际化有三个标准：一是衡量人民币的结算功能，即以人民币结算的交易在国际贸易中达到一定规模和比重；二是衡量人民币的投资功能，即以人民币计价的金融产品成为国际主要金融机构包括中央银行的投资工具；三是衡量人民币的价值储备功能，即全球较多国家将人民币作为本国储备货币。只有当人民币在国际市场得到广泛运用，业务规模达到一定程度，实现货币可兑换，充分发挥其计价、结算和储备功能，方可认为实现了人民币国际化。

（2）人民币国际化的原因有：

① 实现中国经济存量之保值。如果人民币在对外经济贸易中能更广泛地作为结算货币，我们的企业需承担的外汇风险就会更低，政府经营外汇储备的压力也会大为缓解。

② 促进中国经济增量之平衡。人民币国际化可有效控制外汇储备的增长，缓解汇率压力，促进中国与其主要区域及资源伙伴国之间经济与贸易平衡协同发展。

③ 获得更大的政治经济话语权。人民币被中国贸易伙伴逐步接受为结算货币，将加大中国在国际贸易中的影响力，更为中国政府的汇率政策增加主动性与灵活度。而人民币在向国际储备货币迈进的每一步都是中国在全球地缘政治话语权提升的具体体现。

（3）推进人民币国际化主要面临三方面挑战：

① 我国目前仍然是出口导向型国家，对外贸易依存度较大，很容易受国际市场波动的冲击。推进人民币国际化必须及时扩大内需，实现产业结构的优化升级。

② 国内金融体系比较脆弱，一旦金融体系放开，大量虚拟的金融衍生工具所引致的资本交易额会远远超过国际货物贸易额，如果不能很好地管控国际游资的投机行为，会给金融体系带来极大危害。

③ 随着中国逐步放开资本账户，要想维护货币政策的独立性，就必须减少不必要的外汇干预。随着人民币国际化的推进，汇率波动将是一种常态。

十、提高直接融资比重(◆◆◆)

“十四五”规划纲要明确提出，提高直接融资特别是股权融资比重。2020年12月3日晚，证监会官微全文发布了证监会主席易会满的文章《提高直接融资比重》。

【问题】

1. 什么是直接融资？什么是间接融资？比较直接融资和间接融资的异同。

答案：(1) 直接融资，是指拥有暂时闲置资金的单位(包括企业、机构和个人)与资金短缺单位，相互之间直接进行协议，或者在金融市场上前者购买后者发行的有价证券，将货币资金提供给资金需求单位，从而完成资金融通的过程。

间接融资，是指拥有暂时闲置货币资金的单位通过存款的形式，或者购买银行、信托、保险等金融机构发行的有价证券，将其暂时闲置的资金先行提供给这些金融中介机构，然后再由这些金融机构以贷款、贴现等形式，或通过购买需要资金的单位发行的有价证券，把资金提供给这些单位使用，从而实现资金融通的过程。其基本特点是资金融通通过金融中介机构来进行，它由金融机构筹集资金和运用资金两个环节构成。

(2) 直接融资与间接融资的相同点：

① 都是资金的融通活动。它们都是金融市场上资金融通方式，共同构成了完整的资金融通活动。

② 相互渗透、相互支持。它们通过资金融通活动，使资金从储蓄向投资转化，从而促进社会经济的发展。

(3) 直接融资与间接融资的不同点：

① 融资工具不同。直接融资是通过资金需求者发行有价证券，如股票、债券等，由资金盈余者购买有价证券，以此来融通资金。间接融资是通过金融机构发行间接凭证，如银行存款凭证、保险凭证等筹集资金，然后再将资金贷放给资金需求者的一种融资方式。

② 融资工具特点不同。与直接融资相比，间接融资具有风险小、成本低、流动性好等优点。

③ 金融中介机构的功能不同。直接融资也需要借助于金融中介机构的服务，如证券公司、投资银行、会计师事务所等，但他们的作用主要是牵线搭桥并以此

收取佣金。间接融资中的中介机构主要是商业银行，商业银行主要以储蓄的形式筹集资金，然后再将其贷放给资金需求者，并以此赚取存贷利差。

2. 比较直接融资与间接融资的优缺点。

答案：（1）间接融资的优点有：

① 有助于减少信息成本与合约成本。商业银行拥有丰富的专业技能，可以方便快捷地获取所需资料，节约社会成本。

② 通过资产多样化降低风险。商业银行通过聚集大量的社会闲散资金并将其投资于各种不同的资产上，从而取得分散投资、规避风险的效果。

③ 实现期限转化，发挥短借长贷的作用。商业银行可以通过预测提款分布的概率，并持有少量的储备来应付这类提款。因此即使吸收的是短期存款，商业银行也能使借款者获得长期贷款，从而起到短借长贷的作用。

④ 间接融资证券的流动性比较高。虽然大部分间接融资证券的收益性要低于同类的直接融资证券，但其流动性方面的优势满足了许多谨慎的投资者的需要。

间接融资的缺点在于，它割断了资金供需双方的联系，从而使资金借贷双方对金融机构的依赖增加。

（2）直接融资的优点有：

① 筹资规模和风险度可以不受金融中介机构资产规模及风险管理的约束。直接融资能使资金需求者筹集长期的在使用上不受限制的资金，同时资金需求者能够根据自身需要发行不同期限、种类的证券来筹集资金，而不像间接融资情况下，资金需求者只能选择接受金融机构规定的严格限制和监督。

② 受公平原则的约束，有助于市场竞争，资源优化配置。直接融资把资金供求双方直接置于市场机制的作用之下，并按市场确定的价格来进行交易，市场机制促使货币资金在社会监督之下把资金配置到最有效的投资项目中，从而引导资金的合理流动，推动资源的合理配置。

③ 加速资本积累的杠杆作用。直接融资过程实际上就是资金（资本）的集中过程，它利用股票和债券，把闲置的资金集中起来，形成巨额资金，使那些需要巨额资金的部门、企业得以迅速发展，推动社会生产规模的扩大，从而推动资本的积累和国民经济的发展。

直接融资的缺点包括：

① 直接凭自己的资信度筹资，风险较大。

② 进入门槛较高。各国证券法都规定了进入金融市场的条件，这些条件对

于一些中小企业很难达标，因而很难利用该市场筹措资金。

③ 公开性的要求，有时与企业保守商业秘密的需求相冲突。

3. 我国当前为什么要提高直接融资比重？提高直接融资比重面临怎样的机遇与挑战？

答案：(1)我国当前提高直接融资比重的原因：

① 提高直接融资比重是服务创新驱动发展战略的迫切要求。党的十九届五中全会强调，要坚持创新在我国现代化建设全局中的核心地位，把科技自立自强作为国家发展的战略支撑。从国际经验看，激发市场主体创新创造活力，加速科技成果向现实生产力转化，需要充分发挥直接融资特别是股权融资风险共担、利益共享机制的独特作用，加快创新资本形成，促进科技、资本和产业的紧密融合。

② 提高直接融资比重是完善要素市场化配置的关键举措。发展直接融资可将不同风险偏好、期限的资金更为精准高效地转化为资本，促进要素向最具潜力的领域协同集聚，提高要素质量和配置效率，推动产业基础高级化、产业链现代化。从境外经验看，以直接融资为主导的经济体，在产业结构转型升级中往往能够抢占先机，转型过程也更为平稳顺畅。

③ 提高直接融资比重是深化金融供给侧结构性改革的应有之义。我国融资结构长期以间接融资为主，信贷资产在金融总资产中的比重超过70%。提高直接融资比重，有助于健全金融市场功能、丰富金融服务和产品供给，提高金融体系适配性；有助于稳定宏观杠杆率，更好防范化解金融风险。

④ 提高直接融资比重是建设更高水平开放型经济新体制的重要途径。在新冠肺炎疫情冲击下，国际贸易投资明显下降，全球产业链供应链遭遇梗阻，供需两端受挫。面对困境，我国需要加快打造更为开放融合的直接融资体系，进一步便利跨境投融资活动，积极促进内需和外需、进口和出口、引进外资和对外投资协调发展，助力全球产业链供应链进一步连接、优化、巩固。

(2)“十四五”时期，我国将加快构建以国内大循环为主体、国内国际双循环相互促进的新发展格局，这为提高直接融资比重提供了宝贵的战略机遇。

① 实体经济潜力巨大。凭借超大规模的市场容量、完整的产业体系和8亿多素质不断提高的劳动力，我国产业发展升级的势头依然强劲，实体经济潜能将进一步释放，对资本要素的需求将加快扩大。

② 宏观环境总体向好。货币、财政、产业、区域等宏观政策协同持续增强，法治保障不断强化，有利于扩大直接融资的生态体系正逐步形成。

③ 居民财富管理需求旺盛。我国人均国内生产总值已跨越 1 万美元关口，中等收入群体超过 4 亿人，居民扩大权益投资的需求快速上升，为资本市场发挥财富管理功能、提高直接融资比重创造了重要条件。

④ 我国资本市场的国际吸引力不断增强。随着金融扩大开放和全面深化资本市场改革的持续推进，境内资本市场正在发生深刻的结构性变化，日益成为全球资产配置的重要引力场。

同时，也要清醒认识到，我国间接融资长期居于主导地位，存量规模大，发展惯性和服务黏性强；市场对刚性兑付仍有较强预期；资本市场新兴加转轨特征明显，发展还不充分，制度包容性有待增强；中介机构资本实力弱，专业服务能力不足；投资者结构还需优化，理性投资、长期投资、价值投资的文化有待进一步培育；市场诚信约束不足，有的方面管制仍然较多，跨领域制度协同还需加强。提高直接融资比重，必须坚持问题导向，加快破解这些体制机制性障碍。

【科兴提示】金融脱媒的另外一种说法是大力发展直接融资。金融脱媒是指在金融管制的情况下，资金供给绕开商业银行体系，直接输送给需求方和融资者，完成资金的体外循环。

十一、股权融资偏好之谜(◆◆◆)

中国上市公司融资时普遍首选股权融资，而较少采用债务融资，表现为强烈的股权融资偏好，例如，中国上市公司热衷于首次公开发行，过度使用配股额度与价格等。请结合优序融资理论，谈谈我国上市公司融资顺序是否合理，我国上市公司为什么偏好股权融资?

答案：(1)优序融资理论是指放宽 MM 理论完全信息的假定，以不对称信息理论为基础，并考虑交易成本的存在，认为权益融资会传递企业经营的负面信息，而且外部融资要多支付各种成本，因而企业融资一般会遵循内源融资、债务融资、权益融资这样的先后顺序。1989 年 Baskin 以交易成本、个人所得税和控制权的研究角度对优序融资理论作出了解释，指出由于留存收益提供的内部资金不必承担发行成本，也避免了个人所得税，因此内部资金要优于外部资金。与权益性资金相比较，负债融资由于具有节税效应，发行成本低，又不会稀释公司的控制权，所以对外部融资来说负债融资又优于权益性融资。

从近几年来看，我国上市公司在融资方式的选择上，严重依赖外源融资，在外源融资里更侧重于股权融资，其次是债务融资，最后是内源融资。当前我国大多数的上市公司的融资顺序并不符合优序融资理论。

(2)我国企业偏好股权融资的原因有：

① 当前我国股权融资成本较低。我国资本市场发展尚不完善，上市公司的股票分红支出少，新股发行的市盈率高，从而使同样股利水平条件下，股权融资成本低。另外，很多上市公司主要股东，一股独大，不怕股权分散稀释，发行股票而带来的控制权降低现象基本不存在。

② 我国债券市场发展滞后。在股票市场迅速扩张的同时，债券市场都没有得到相应的发展，二者发展极不平衡。债券市场管理较为严格，发展滞后，市场化程度低。在规模有限的债券市场中，交易品种也是以国债为主，企业债券不仅品种少，规模相对也很小。企业通过债券融资的可能性实质上受到抑制。

③ 公司治理因素。我国上市公司的支付率较低，小股东投资于证券市场的主要目的是为了买卖股票差价从而赚取收益，对公司治理的意愿很低，弱化了上市公司加强管理的动机。而管理层也不愿稀释自己的权力，发行债券的债权人往往出于保护自身的利益，会对管理层进行较为被动的监督，使得管理层一些隐性利益受到损害，可能会使各种利益丧失殆尽。所以在一定程度上，管理层厌恶债务融资。

④ 股票市场监管力度不够。我国证券市场还处于萌芽和发展阶段，近年来上市公司造假事件频发，我国的证券监督机构在上市公司信息披露监管方面的制度建设还不够，导致了相关的法制法规建设不够完善，发现问题不够及时、准确，处罚力度不够等问题。而发行债券或银行债券，其审批主要是依据新项目的预期收益率，对它的审查较为严格。在这种情况下，上市公司显然喜好选择股权融资这种方式。

十二、IPO 折价发行之谜(◆◆◆)

IPO 折价现象是指首次公开发行定价明显低于上市初始的市场价格。我国的 IPO 抑价幅度显著高于世界上其他国家。如何解释 IPO 折价发行现象？并分析我国 IPO 折现发行现象严重的原因。

答案：(1) 关于 IPO 折价发行现象，常见的解释有：

① Rock 的赢者诅咒假说。有关 IPO 抑价理论占主流地位的是 Rock 赢者诅咒假说，他认为市场是不完全的，信息是不对称的，存在掌握信息的投资者和未掌握信息的投资者。掌握信息的投资者往往能利用其信息优势购买到具有投资价值的股票，而未掌握信息的投资者只能根据其他主体的行为作出判断，最终购买到

掌握信息的投资者所规避的、不具有投资价值的股票。当未掌握信息的投资者意识到这一“赢者诅咒”时，就会退出市场。由于股票发行人需要吸引未掌握信息投资者的投资，因此不得不降低新股发行价来弥补未掌握信息者所承担的风险，确保发行的顺利进行。

② Barron 的投资银行买方垄断假说。他假定投资银行作为股票的承销商相对于上市公司来说具有更多的关于资本市场及发行定价方面的信息，于是上市公司将股票发行的定价交由投资银行决定。由于委托-代理关系的存在，发行公司在发行过程中不能很好地监督投资银行的行为，这时投资银行便通过低价发行的方式来提高承销活动的成功概率。

③ 信号假说。该假说认为，市场中存在着业绩较好和较差的两类公司，市场中上市公司拥有比较完备的信息，而投资者则难以区分这两类公司，于是产生信息不对称。业绩较好的公司通过在 IPO 中的低价发行旨在对投资者表明，本公司具有美好的发展前景，并且有实力在上市后通过增资发行中的高价发行来弥补，因此他们更看中长期的投资收益。而实力较差的公司则倾向于 IPO 高价发行。

（2）我国 IPO 抑价现象原因

① 流通股比例低。有关实证研究表明，新股抑价与流通股比例成负相关关系。流通股在企业所有股票中所占比例越大，IPO 抑价程度越低。流通股比例主要从下面两个方面来影响新股上市抑价程度：一是流通股比例低，即投资者持股比例小，难以在公司股东大会上行使自己的权利，也难以获得企业内部的信息，在二级市场上承担更大的风险，所以需要较高的发行抑价来补偿投资者的投资风险。另一方面，如果流通股比例很小的话，容易引起市场的操纵行为发生，小股东的利益受到侵害，在客观上迫使中小投资者以投机为目的参与市场交易，增加了股票抑价程度。

② 新股发行存在体制缺陷。由于我国股票市场成立时间比较短，发展也不成熟，市场化程度不高，我国股市仍是一个弱势有效市场。自 2001 年 3 月起，新股发行将取消沿用了 10 年的审批制，实施核准制。核准制对监管机构、券商、上市公司等的规范运作都提出了更高的要求，是我国股票发行制度的一次重大改革。与带有较强的行政色彩的审批制相比，核准制的行政色彩要少一些。但是核准制在实质上仍是批准制的一种，仍然需要管理层又“核”又“准”，与先进的注册制还有很大的差距。体制缺陷造成了证券市场严重的供求矛盾，引起 IPO 严重抑价现象。

③ 投资者结构不合理，市场投机气氛较浓。机构投资者具有稳定市场的作用，一方面可以使得市场定价效率更高，价格更趋合理；另一方面可以使得市场价格的波动频率更少，波幅更小。但在中国证券市场上，投资者结构以个人投资者为主，机构投资者为辅。由于投资知识结构以及投资理念的差异，个人投资者与机构投资者相比，投资心理不成熟、投机心理较重，不利于证券市场价格发现功能的发挥。我国股市的换手率过高，意味着市场中非理性成分占上风，投机气氛较浓。

关于科兴

上海杨浦区科兴进修学校成立于2000年，主要涉足考研和插班生等大学生考试培训项目。科兴自成立以来，一直谨守精细化、个性化和专业化的服务理念，深受广大学子信赖。2014年2月1日，科兴学校正式收购翔高教育，进一步完善了考研课程辅导体系，形成公共课、专业课和一对一个性化辅导齐头并进的局面。翔高是国内非常专业、权威的专业课考研培训机构，尤其擅长上海财经大学和复旦大学金融硕士课程辅导。

科兴考研下设经济学、金融学、计算机、心理学、教育学、新闻学、法学、会计学、管理学等10余个专业课教学研究中心。金融学教学研究中心是2011年成立的，独立从事经济学教学研究和图书研发。近年来发展迅速，成为了综合实力最为强大的教学研发部门。从教学成果而言，历年复旦和上财431人均110+，为广大考生步入沪上名校提供了有力支持；从研发成果而言，431金融学综合系列年累积读者30000+，成为众多考生备考的经典丛书。

联系我们

电话：021-6511-1511

官网：www. ksingky. com

地址：上海市杨浦区五角场翔殷路1128号沪东金融大厦20楼A